¿Le resulta familiar alguna de las siguientes situaciones?

- Aceptar las tonterías e impertinencias de sus hijos como parte de un día normal, como tomarse un café por la mañana.
- La hora de la siesta es para usted y su pequeño, o él no descansará.
- Después de cocinar la cena preferida de su hija, ella quiere otra cosa.
- Usted puede predecir las peleas entre hermanos (el orden, las frases exactas e incluso el momento) antes de que el más pequeño grite: «¡Mamá, ella me está molestando!».
- Usted se ha convertido en una profesional de la lucha libre solo para poner a sus hijos en la cama. El problema es que no se quedan ahí.
- Sus cambios de humor coinciden con el melodrama de su adolescente.
- «No puedo hacerlo, ¡es demasiado difícil!», es un lema muy usual en su casa.
- Cuando pelean, su hijo gana, porque usted es quien se siente culpable.
- Usted está acostumbrada a que, cada vez que entra al preescolar, su hijo se aferre a sus piernas como un mono a un árbol.
- Ya ni siquiera se estremece cuando cierra de golpe las puertas de la habitación.
- Usted, a menudo, queda entre los vientos huracanados de su hijo.
- Uno de sus hijos es como un mosquito que vuela, constantemente alrededor de usted, picándola e irritándola.
- Usted tiene un hijo al que debe aquietar o tratarlo con mucha delicadeza.
- Usted hace mejor las tareas de su hijo que él.

- Ella no tiene nada que ponerse *y es culpa de usted*.
- Ha hecho tantos berrinches en el supermercado, que usted está demasiado avergonzada para volver allí.
- Tiene que inclinarse a su nivel para escucharla susurrar.
- El despertador de sus hijos es usted, una y otra vez.
- Su hijo de cuatro años acaba de tuitear.
- Su adolescente piensa que los videojuegos son un derecho inalienable antes que la tarea escolar.

Si algunas de las situaciones mencionadas le parecen familiares, usted necesita este libro. Revelaré no solo por qué los niños se portan mal, sino cómo puede usted cambiar ese comportamiento con estrategias prácticas y sensatas que realmente funcionen... y que constituyan una victoria a largo plazo para ambos.

Al final de este libro, sonreirá ante la transformación de su hijo, la de su hogar y la de usted.

Se lo garantizo.

Por qué sus hijos se portan mal y qué hacer al respecto

Por qué
sus hijos se
portan mal

qué hacer al
respecto

DR. KEVIN LEMAN

Revell

a division of Baker Publishing Group
Grand Rapids, Michigan

Publicado por Revell
una división de Baker Publishing Group
P.O. Box 6287, Grand Rapids, MI 49516-6287
www.revellbooks.com

Impreso en Estados Unidos de América

Originalmente publicado en inglés con el título:
Why your kids misbehave—and what to do about it

Library of Congress Cataloging-in-Publication Data
Names: Leman, Kevin, author. | Leman, Kevin. Why your kids misbehave—and what to do about it.
Title: Por qué sus hijos se portan mal y qué hacer al respecto / Dr. Kevin Leman.
Other titles: Why your kids misbehave—and what to do about it. Spanish
Description: Grand Rapids, Michigan: Revell, a division of Baker Publishing Group, [2020] | Summary: «El popular experto en crianza de los hijos y autor superventas del New York Times identifica las tres razones principales por las que los niños se portan mal (atención, poder, venganza) y proporciona soluciones prácticas basadas en la experiencia para saber qué hacer en cada situación»— Provided by publisher.
Identifiers: LCCN 2020030136 | ISBN 9780800739867 (paperback)
Subjects: LCSH: Child psychology.
Classification: LCC BF721 .L462718 2020 | DDC 155.4—dc23
LC record available at https://lccn.loc.gov/2020030136

Desarrollo editorial: *Grupo Nivel Uno, Inc.*

Cualquier pregunta o solicitud relativas al precio o disponibilidad de este título de Baker Publishing Group en cualquier país o ciudad de Latino América, debe dirigirse a Whitaker House, 1030 Hunt Valley Circle, New Kensington, PA 15068; InternationalOrders@WhitakerHouse.com

A menos que se indique lo contrario, todos los textos bíblicos han sido tomados de la Nueva Versión Internacional® NVI® © 1999 por Biblica, Inc.® Usada con permiso. Todos los derechos reservados mundialmente.

20 21 22 23 24 25 26   7 6 5 4 3 2 1

A todos ustedes, padres inteligentes,
que escogieron este libro.

El conocimiento que obtendrán
les evitará
innumerables dolores de cabeza.

Contenido

Agradecimientos

Agradecido muy gratamente a:

Mi equipo de Revell.

Mi editora de toda la vida, Ramona Tucker, que ahora puede leerme como a un libro.

Introducción

Por qué sus hijos lo manipulan

---

*Sus hijos pueden leerle como a un
libro y son maestros en eso.*

Mi encantadora esposa Sande, nuestra hija Krissy y yo recientemente cenamos en Texas Roadhouse, nuestro restaurante de carnes favorito. No muy lejos de nosotros había una joven pareja con la abuela, el abuelo, la tía y un querubín en una de esas pequeñas sillas altas al final de la mesa. Era evidente que la niña de trece meses no quería permanecer en aquella silla que la aprisionaba.

Ah, esto se va a poner bueno, pensé.

La pequeña se quejó y se retorció en la silla por unos minutos hasta que estaba tan molesta que era imposible ignorarla por más tiempo. Entonces el papá la alzó, la puso en su regazo y le ofreció una cucharada de macarrones con queso.

Podía predecir lo que sucedería después… y así fue.

La niña agarró la cuchara y, con un pequeño impulso de su puño derecho, lanzó el macarrón con queso volando a corta distancia y aterrizando en medio del plato de filete *mignon* de la abuela.

Mamá ojos de águila vio lo que estaba sucediendo y tomó a la bebé. «Cariño, ¿quieres esto? ¿O quieres eso?», le preguntó, señalando su propia comida.

Empecé a reírme.

Sande y Krissy simultáneamente me dieron una «mirada». La que conozco por experiencia y que significa: «Mira papá, ni se te ocurra».

Entonces, en deferencia a los miembros de mi propia familia y nuestro bistec bien cocinado, me mordí la lengua. No le dije nada a esa linda y bien intencionada pareja que probablemente pensó que estaban haciéndolo todo bien, pero que —en realidad— estaban haciendo todo mal. Ya estaban siendo controlados por una chiquilla que no medía ni un metro y que probablemente ni siquiera podía caminar.

Sin una intervención de algún tipo, como llevar a cabo las estrategias prácticas y sabias que revelaré en este libro, esa misma niña se convertirá en una engreída estudiante de secundaria. Esa presuntuosa estudiante de secundaria mutará en una adolescente incontrolable con síndrome de princesa.

Sin embargo, esos padres que le sonreían a sus primogénitos consentidos no tenían idea de que estaban criando un hijo impulsado por el poder.

Como ve, si usted es padre, también es el maestro de un seminario de entrenamiento diario para sus hijos —no importa cuán jóvenes o mayores sean— llamado «Cómo portarse mal».

Concédase algo de crédito. Usted es una maestra extraordinaria. Es una experta equilibrista tratando de hacer las cosas bien en la crianza de los hijos y aceptando todo tipo de consejos de la abuela, de papá, de su hermana e incluso de su hermano, que aún no es padre, pero cree que sabe más que usted sobre cómo lidiar con sus pequeños consentidos.

Quizás ha leído un montón de libros para padres y blogs de mamás. Ha dialogado con otros padres que están en el campo de batalla sobre una gran cantidad de temas candentes, cómo hacer que su hijo pruebe comida nueva, cómo entrenarlos efectivamente para que se bañen, las mejores formas de adaptarse al kínder, cómo encontrar una buena liga de fútbol, qué hacer para enviarlos al campamento de verano, cómo dirigirse a un maestro conocido por ser muy exigente, y qué clases avanzadas debería tomar su hijo o a qué clubes debería unirse para facilitar su ingreso a la universidad de su elección.

No importa que su hijo no sea un pequeñín. Usted debe estar decidido a conocer todos los hilos de la situación y ser un buen padre para crear un niño exitoso que se destaque por encima de los demás en cada área.

Así que, en busca del título de «Padre del año», pone en práctica todo tipo de ideas sobre el pequeño (también conocido como conejillo de indias), especialmente si esta es su primera ronda en la crianza de los hijos. Algunas de esas ideas abundantes funcionan, pero otras no tienen una alta tasa de éxito. *¿Por qué es eso?*, se pregunta. Parecen resultar para otras personas sobre las que usted lee.

El mayor problema es que, a medida que se abre camino en el laberinto de la paternidad de la vida real, usted es incoherente. Intenta una cosa, luego otra. ¿Qué le dice esa incongruencia al niño que le está observando?

Digamos que su hija es la niña de trece meses que vi en el restaurante Texas Roadhouse. Eche un vistazo al fenómeno «iluminador» [lo que podríamos llamar «clic» para significar que a la persona se le aclara algo] que ocurre en su pequeño cerebro mientras sus padres interactúan con ella. Esa bebé inteligente ya sabe que al juntar dos y dos, bueno, obtendrá cuatro.

Clic 1: Ah, ya lo entiendo. Sé exactamente cómo hacer que esas personas, que me parecen gigantes, hagan lo que quiero. Lloro y me agarran. Simple.

Clic 2: Ser niño no es tan difícil como pensé que sería. Le doy un manotón a la merienda que tengo en la bandeja y vienen corriendo. Mira cuánta potencia tengo en mi dedo meñique.

Clic 3: Caramba, pensé que los adultos eran más fuertes. Pero estos tipos son muy frágiles. Todo lo que tengo que hacer es poner mala cara y negarme a abrir la boca cuando me dan de comer. El siguiente bocado que me ofrecerán viene lleno de entretenimiento: un movimiento de avión y un zumbido. Me pregunto qué más puedo hacer para que funcionen como focas bien entrenadas.

Clic 4: Entonces, ¿qué hay en el menú hoy?... Ah, qué asco, son esos macarrones con queso otra vez. Los detesto. Ya sé. Si vuelvo a poner esa cuchara en la cara de papá, me pasará a mamá, que cederá y me dará alimento de su plato. Al menos su comida tiene texturas interesantes, aunque no siempre sabe bien. Aún mejor, puedo sentarme en su cálido regazo en lugar de esta silla alta y fría. Y, además, la abuela juega conmigo. Me gustan las morisquetas que hace. Me hacen reír.

Los niños nos leen como si fuéramos un libro. Son lectores expertos, de hecho, incluso a la edad de trece meses.

¿Por qué los niños se portan mal? ¿Qué tenemos *nosotros* que ver con eso? ¿Y cómo podemos detener ese comportamiento antes de que comience o cambiar el rumbo del mal comportamiento cuando ya está avanzando?

Hay algo llamado entrenamiento. No es solo para niños. También es para padres. *Por qué sus hijos se portan mal y qué hacer al respecto:*

- proporciona información experta sobre por qué los niños hacen lo que hacen y por qué usted hace lo mismo
- explora los conceptos básicos de qué es y qué no es — realmente— la disciplina y por qué el castigo no funciona nunca

- revela las cuatro etapas del mal comportamiento y cómo puede lidiar con cada una de ellas… *antes* de que progresen
- brinda estrategias probadas que han funcionado con millones de padres y familias
- ofrece preguntas reales de otros padres en el campo de batalla y mis respuestas ganadoras

En pocas palabras, los niños le manipulan *porque pueden*. ¿Esas hermosas criaturas más pequeñas que un ganso canadiense? Son más inteligentes de lo que usted piensa. ¿Y esos desgarbados chicos con enormes pies y manos de cachorro que ahora son más altos que usted a los catorce años? Ellos tienen el poder de manipular a los padres. Pero todos tienen el mismo objetivo: ganárselo a usted para obtener lo que quieren, cuando lo deseen y de la manera que les apetezca. Están programados para hacer eso desde la infancia, a menos que usted —padre sabio— intervenga a tiempo.

Sin embargo, ya ellos tienen la ventaja, incluso aunque usted no lo sepa. Esos niños le necesitan, aunque no lo muestren ni lo admitan nunca. Después de todo, sin usted ni siquiera tendrían ropa interior, mucho menos ropa limpia. Tampoco tendrían ninguno de esos dispositivos que consideran necesarios para la vida, como un iPhone, un televisor inteligente, transporte o un refrigerador que esté abierto las veinticuatro horas, los siete días de la semana.

Ese es un buen punto de partida para establecer su autoridad parental, ¿no le parece?

Por qué sus hijos hacen lo que hacen

Todo tiene un comienzo, el mal comportamiento también.

Todos los padres se enfrentan con algunos inconvenientes a medida que su pequeño travieso avanza en su crecimiento. Por tanto, si alguna de las próximas escenas le parecen vagamente familiares, le felicito. Está en buena compañía.

1. Su hija de dos años mete su meñique en el enchufe eléctrico de la pared cinco veces en una mañana. Cualquier corrientazo la asustará o afectará su corta vida, pero usted está cansado de correr por la habitación para detenerla.

2. El kinder expulsa a su hijo de tres años por quitarles los juguetes a otros niños y hacerlos llorar. Este es un kínder muy solicitado donde lo inscribió un mes después del parto porque la lista de espera era de tres años.

3. Su princesa de cinco años tiene una nueva conducta favorita: patalear y gritar «¡No!», cuando usted le pide que se vista —con la ropa que le dio— para ir al preescolar.

4. La oficina de la escuela lo llama en medio de una reunión en el trabajo para decirle que su hijo de seis años ha sido acusado de intimidar a otro alumno de primer grado. Los enojados padres de ese estudiante le están esperando en la oficina del director en este momento.

5. Su despistada hija de ocho años, continuamente, deja una variedad de cosas fuera de la casa mientras llueve y usted siempre tiene que recogerlas.

6. Cuando su hija de nueve años tiene tarea de matemáticas, todos los miembros de la familia huyen. Tan pronto como ella gime: «¡Es muy difícil!», y comienza a llorar, arruina su noche. Usted termina haciendo la tarea.

7. Cada vez que su hijo de diez años regresa del apartamento de su ex llega tan malhumorado que usted desearía poder devolvérselo por FedEx para que se quede ahí hasta que sea adulto.

8. Su hijo de once años fastidia y molesta a su hermana pequeña, y logra salir del escenario antes de que lo atrapen en el acto.

9. Su hijo de trece años se ha transformado, de la noche a la mañana, en una criatura extraña e insolente.

10. Un maestro atrapó a su hijo de catorce años fumando una sustancia aromática ilegal en un callejón detrás de la escuela. Ahora su angelito está confinado en casa, por un mes, en libertad condicional. A él, eso le parece una vacación y se está aprovechando de ella. Pero, ¿y usted? Se siente como el acusado por la administración de la escuela; además, está sufriendo en casa con un problemático y aburrido adolescente.

11. Después de apoderarse —sin permiso— de las llaves del automóvil familiar, su hijo de quince años fue a dar un paseo, pero golpeó el parachoques de otro carro y terminó en la

estación policial. Un policía muy severo le leyó sus derechos. Su hijo vivió la experiencia de ser esposado y trasladado en una unidad móvil policial. Usted recibió una llamada de la estación y tuvo que unirse a la poco divertida discusión con ese policía.

12. Su jovencita de diecisiete años no está llenando sus solicitudes de ingreso a la universidad, por lo que usted —secretamente— comienza a hacerlas, puesto que teme que ella pierda la oportunidad de presentarlas.

Algunos de esos malos comportamientos pueden parecer minúsculos e inmerecedores de su atención. Después de todo, usted tiene un trabajo de tiempo completo, además de ser padre y muchas otras preocupaciones que lo mantienen despierto por la noche, como la lavadora que necesita ser reemplazada y la gotera del fregadero de la cocina. Es muy probable que esas pequeñas cosas que hace su hijo —y que lo enloquecen a usted— pasarán, ¿le parece? Mañana, después de que duerman un poco, todo se arreglará.

Sin embargo, algunos de esos comportamientos requieren su atención inmediata, puesto que las personas ajenas a su círculo familiar están involucradas, como el director de la escuela o el policía inflexible que arrestó a su hijo.

No obstante, en menor o mayor grado, todo lo anterior es mal comportamiento, y ocurre por una razón.

Por qué continúa el mal comportamiento

El mal comportamiento continuará ocurriendo y es probable que vaya en aumento hasta que usted identifique la razón fundamental que lo motiva.

¿Y aquella niña de dos años que metía el dedo en el enchufe? Se convirtió en la chica de ocho años que dejaba su mochila y sus libros escolares bajo la lluvia.

¿Y aquel niño de tres años que les quitaba los juguetes a otros en el kínder? Se convirtió en el chico de seis años que intimidó a otro niño en primer grado.

¿Y aquella niña de nueve años que lloraba cada vez que tenía que hacer la tarea de matemáticas? Ahora es la jovencita de diecisiete años que no puede completar sus propias solicitudes para la universidad.

¿Y ese niño de once años que molestaba a su hermana y se escabullía rápidamente antes de que lo atraparan? Bueno, eso fue solo el inicio de los comportamientos insensatos en los que se enfrentó a sus padres, incluido un paseo no autorizado en el automóvil familiar a los quince años.

Imagínese qué tipo de adulto quiere que sea su hijo, es lo mejor que usted puede hacer en este momento. ¿Alguien que sea responsable y comprometido con sus acciones? ¿Alguien respetuoso, amoroso, amable con los demás y bien fundamentado en los valores que cuentan para usted? ¿Alguien con una autoestima saludable, una motivación interna para hacer lo mejor y que contribuya de manera positiva a su familia, su vecindario y su comunidad?

> *Imagínese qué tipo de adulto quiere que sea su hijo.*

No importa en qué punto se encuentren su hijo y usted en este momento de su relación, no hay mejor instante que el presente para comenzar esa transformación. Empiece con una declaración sencilla: «Quiero ver cambiar algunas cosas. Para que eso suceda, debemos hacer algunas modificaciones de manera distinta».

Considere usar un lenguaje que los incluya a «ambos». No tiene que señalar a su hijo con el dedo. Ni decirle: «*Tú eres* el problema. ¿Qué sucede contigo? Necesitas cambiar. Debes detener este comportamiento».

No hay un dedo que lo señale a usted mismo. Ni algo como: «Sé que es mi culpa. Si hubiera hecho "tal cosa", no estaríamos en esta situación hoy».

El pasado es solo eso, pasado. No se saca nada bueno recordando las desastrosas experiencias antiguas y regodearnos en ellas. El presente, y hacia dónde se dirija desde este punto, es lo que importa. Ambos son parte de esta relación. Su tarea, a lo largo de este libro, es trabajar en las áreas en las que los dos se cruzan, de modo que cuando surjan situaciones de mal comportamiento, empiecen a pensar con naturalidad:

¿Qué hice o dije en el pasado?

Pues, yo...

¿Dio resultado eso?

No. Solo empeoró la situación.

Entonces, ¿qué podría hacer o decir diferente esta vez para obtener un mejor resultado a largo plazo?

Permítame tranquilizarle. No existe un padre perfecto ni un niño perfecto, así que deseche esas ideas y elimínelas ahora mismo. Cada uno de ustedes cometerá errores a medida que avancen en la vida, sobre todo entre ustedes. Tendemos a manifestar nuestras emociones con las personas más cercanas a nosotros, porque se siente más seguro.

Es como la caricatura que vi hace muchos años que era tan real que se grabó en mi cerebro. Fue algo como lo siguiente:

Papá tuvo un mal día en el trabajo. Entra por la puerta de la cocina y le grita a su esposa.

Un signo de interrogación estalla en la mente de ella a la vez que se pregunta: *¿Qué hice?* Su día también ha sido malo. Así que, en el preciso instante en que su hijo entra por la puerta, ella se desquita con él.

El hijo tiene dos signos de interrogación en su pensamiento. *¿Qué pasa con mamá? ¿Seguirá enojada por lo que pasó antes?* Ahora es él quien pasa por un mal día. Así que busca a su hermano menor y comienza a pelear.

Tres signos de interrogación estallan en la mente del hermano menor. *¿Qué hice para merecer esto? Me pudo haber pegado por cualquier cosa la semana pasada, pero últimamente no he hecho nada. ¿Qué pasa con* *él?* Ahora el que está teniendo un mal día es él. Así que busca al perro de la familia y le da una patada.

Múltiples signos de interrogación estallan en la cabeza del perro mientras se escabulle para esconderse detrás del sofá.

¿Capta lo que quiero decir? Todos tenemos nuestros momentos difíciles y somos expertos innatos en transmitirlos a quienes amamos. Considere que sus hijos y usted están en una curva de aprendizaje compartida.

> *Todos tenemos nuestros momentos difíciles y somos expertos innatos en transmitirlos a quienes amamos.*

Su objetivo con este libro no es ser elegido la «Madre del año» ni el «Padre del año». Tampoco es entrenar a sus hijos para superar los requisitos del perfeccionismo.

Al contrario, descubrirá cómo caminar juntos por la vida, saltando sobre cualquier obstáculo que se interponga en su camino, incluso corriendo uno al lado del otro cuando sea necesario. Todo con el objetivo final de transformar a sus hijos en los mejores adultos que puedan ser a medida que mantiene una autoridad saludable sobre ellos.

No olvide, sin embargo, detenerse de vez en cuando para oler las rosas.

Como padre de cinco hijos que ahora son adultos, confíe en mí cuando digo que el tiempo que sus hijos están en casa, seguros en su nido, es mucho más corto de lo que usted se imagina. Eso significa que cada minuto que tenga con ellos es de vital importancia para el bienestar de ellos y su éxito a largo plazo.

Pensar en cualquier proceder negativo actual como «malo», o pensar en su hijo como «malo» y esperar que crezca, no lo llevará a ninguna parte. Al contrario, trate esa mala conducta actual tal como es: un comportamiento en el que necesita trabajar en equipo. Haga eso y será menos probable que reaccione de manera acalorada, y más factible que responda de un modo que sea beneficioso a largo plazo para su relación.

Criar hijos que se comportan mal nunca ha sido fácil. Todos tenemos momentos en que nuestra paciencia es muy poca y puede agotarse rápidamente. Pero las malas actitudes solo aumentan si no las aborda ahora o si lo hace incorrectamente. Le aseguro que cualquier dolor a corto plazo será ganancia a futuro.

Es posible canalizar toda esa energía del comportamiento negativo en una dirección positiva si conoce algunos secretos en cuanto a por qué sus hijos hacen lo que hacen. Así que, comencemos con el concepto básico más importante que revolucionará la forma en que usted piensa y aborda el mal comportamiento de su hijo.

Comportamiento intencional

De todas las palabras que usted ha usado hoy, esta semana o este año, le apuesto un millón de dólares a que no ha sido esta: *intencional*.

¿Estoy en lo cierto?

Comportamiento intencional es una expresión característica derivada de la psicología individual del psiquiatra Alfred Adler.[1] Básicamente significa que todo comportamiento social tiene un propósito específico. Todo tiene un comienzo. Los niños y adolescentes son mucho más inteligentes de lo que usted reconoce. No harían lo que hacen ni seguirían haciéndolo si no obtenied algo de ese comportamiento. Su proceder, incluida la mala conducta, tiene un propósito. En pocas palabras, les da resultado.

Sin embargo, ¿en qué le beneficia a usted conocer la expresión *comportamiento intencional* en su mundo real cuando se enfrenta a sus hijos que se portan mal y que le avergüenzan frente a los vecinos o a la abuela en el supermercado?

Volvamos a las situaciones planteadas al comienzo de este capítulo, las cuales se basan en problemas reales a los que se han enfrentado padres como usted. Veamos la conducta en cada situación e identifiquemos para qué sirve responder la siguiente pregunta: ¿Por qué el niño hace o sigue haciendo eso?

Conducta # 1: Su hija de dos años sigue metiendo el dedo en el enchufe.

Propósito: La respuesta es simple. Esa acción la lleva a usted, mamá, a prestarle atención. Aun más, usted corre hacia ella como una loca; usted actúa muy entretenida. Es mejor que la película de dibujos animados que ella ve cuando usted está ocupada.

> ¿Por qué su querubín no practica ese juego una y otra vez? Es un llamado doble: por atención y por entretenimiento.

¿Por qué su querubín no practica ese juego una y otra vez? Es un llamado doble: atención y entretenimiento.

Conducta # 2: Expulsan a su hijo de tres años de un kínder muy solicitado por quitarles los juguetes a otros niños y hacerlos llorar.

Propósito: Él llamó la atención de su maestro… más que su parte justa, en efecto. De entre todos los niños en el aula, él hizo que el maestro lo vigilara.

Ir de casa, donde tenía toda la atención, a un lugar donde tiene que luchar para ser notado porque hay muchos más niños como él —que tampoco podían amarrarse los zapatos—, ya no era tan difícil.

Conducta # 3: Su princesa de cinco años patalea y grita «¡No!» cuando usted le pide que se vista, con la ropa que le dio, para ir al kínder.

Propósito: Su fuerte desafío es atraer la atención de usted rápidamente. Ella no quiere ir al kínder porque es un lugar ruidoso y, como es hija única, está acostumbrada a tener y crear ruido solo cuando ella lo desea. Además, el kínder es un lugar aterrador con muchos niños como ella, cuando está acostumbrada a ser el centro de atención en la casa. Agregue a eso el hecho de que no le gusta la camisa de cuello almidonado que usted la hace ponerse porque se dio cuenta de que las otras chicas llevan algo así.

Decir «no» la lleva a convencerla de que vaya, lo que le consume tiempo, por lo que a menudo usted llega tarde a la escuela. Para entonces, la mayoría de los niños de kínder ya están en sus asientos, trabajando en silencio. Ella no tiene que luchar por su lugar entre los otros niños que cuelgan sus chaquetas y mochilas en los ganchos. Como beneficio adicional, en algún momento del camino usted se rindió y le permitió usar la camisa que quería, solo para sacarla por la puerta.

Puntuación: Niña 3. Mamá 0.

Conducta # 4: La oficina de la escuela llama para decir que su hijo de seis años está intimidando a otro alumno de primer grado, y que tanto los padres como el director de la institución lo están esperando.

Propósito: Que ese llamado de atención inmediato —en plena reunión de trabajo— le ponga los pelos de punta. La mitad de usted se enoja con su hijo por meterse en esa situación. La otra mitad está en modo mamá/papá protector: «¿Cómo pueden asegurar que *mi* hijo hizo eso? ¿Lo vieron hacerlo? Él no es del tipo de niño que hace eso. ¿Cómo saben que el otro chico no lo provocó primero?».

Usted ha estado tan ocupado en su nuevo trabajo que no ha tenido mucho tiempo para escuchar a su hijo contarle sobre cómo le va en el primer grado en su nueva escuela, ni para presentarse en la apertura del año escolar, en la que los niños realizaron una obra de teatro para los padres. Pero ahora está como un detective en la estación policial, y está armado y con el arma cargada.

Conducta # 5: Su despistada hija de ocho años, continuamente, deja una variedad de cosas fuera de la casa mientras llueve y usted siempre tiene que recogerlas.

Propósito: Esa niña de ocho años puede actuar de forma distraída pero, en verdad, no es tonta. La tiene entrenada como un animal de circo. Ella sabe que a usted le gustan las cosas en el lugar que les corresponde y que detesta especialmente que algo se pierda o se arruine sin necesidad porque la gente no las cuida.

Dejar su mochila bajo la lluvia es una treta para llamar su atención. Aunque esté ocupada preparando la cena y no se detenga a hablar con ella por mucho tiempo, tan pronto como vea esa mochila afuera, usted saldrá a buscarla.

Lo que no ve es que ella la acecha a la vuelta de la esquina, riéndose cada vez que hace usted eso.

Por otra parte, algunos niños son naturalmente perezosos o despistados, aunque usted no salga y le limpie el camino. No todo lo que hace un niño está vinculado a la naturaleza intencional de la vida. A veces, solo se comportan tal como son.

Conducta # 6: Cuando su hija de nueve años tiene tarea de matemáticas, todos en la familia corren a cubrirla. Tan pronto como ella gime: «¡Esto es muy difícil!» y comienza a llorar, se arruina su noche. Termina haciendo la tarea de ella.

Propósito: No hay nada como un niño quejoso, diciendo: «¡Pero es demasiado difícil! ¡No puedo hacerlo!», para llamar la atención de los padres. Especialmente si viene con un montón de lágrimas y un portazo repentino.

Empero esa chica de nueve años la está manipulando. Ella no tiene ganas de hacer su tarea y está ansiosa de que usted la haga por ella. Eso funciona. Usted cae en su trampa siempre. ¿Ve por qué continúa el mal comportamiento?

Conducta #7: Cada vez que su hijo de diez años regresa del apartamento de su ex llega tan malhumorado que usted desearía poder devolvérselo por FedEx para que se quede ahí hasta que sea adulto.

Propósito: El chico está tan irritable que hace que usted le preste atención, aun cuando su proceder provoque reacciones negativas como: «Ve a tu habitación… y no salgas hasta que tengas una mejor actitud».

Para su hijo, incluso la atención en forma negativa es mejor que la que no recibe de su padre. Su ex esposo tiene una nueva esposa y un chiquillo llorón de dos años que todos piensan que es lindo. En lo que respecta a su hijo, también podría pasar inadvertido. Aunque deba hurgar en el refrigerador cuando tiene hambre porque todos comen de acuerdo al horario del chiquillo o a sus propios horarios de trabajo. No hay una mesa familiar allí, como solía suceder con usted, o cuando ustedes tres eran una familia. Lleva dos días viviendo con sobras de pizza fría.

El cerebro de su hijo está muy ocupado cuando entra por su puerta todos los fines de semana. Y se pregunta: *¿Por qué tengo que estar ahí si a nadie le importa eso? ¿Y por qué tengo que dormir en el sofá de su oficina con todas sus cosas, cuando tengo mi propia habitación en casa con todas mis cosas? ¿Solo por una tonta decisión judicial? Al menos mamá me habla, me calienta la comida, come conmigo y se da cuenta de que estoy en casa.*

> No hay nada como un niño quejoso, diciendo: «¡Pero es demasiado difícil! ¡No puedo hacerlo!», para llamar la atención de los padres. Especialmente si viene con un montón de lágrimas y un portazo repentino.

Usted, sin embargo, no escucha esos pensamientos. Tampoco reconoce que su mala actitud es un llamado de atención para usted, la persona que más le importa y que sabe que se preocupa más por él, para darle lo que no tuvo el fin de semana: atención. Todo lo que usted puede ver es un niño malhumorado y enojado que parece decidido a molestarla cada vez que regresa a casa.

Conducta # 8: Su hijo de once años fastidia y molesta a su hermana pequeña, y logra salir del escenario antes de que lo atrapen en el acto.

Propósito: Su hijo de 11 años es un genio, sin duda. Él sabe que no hay mejor manera de llamar su atención que molestar a la pequeñita «indefensa» de la familia. Sin mencionar que también es divertido crear algo de drama, ya que su chillido de respuesta es tan predecible en su adolescente, competitivo e impredecible mundo. Es como un mago que aprende a sacar el objeto preciso de su sombrero que hace que la audiencia aplauda y responda: «Ah, guau».

Puede que, en la escuela, él no esté en la cima de la cadena jerárquica; pero —en casa— es el maestro del espectáculo. El hecho de que su mago huya tan pronto como su hermana grita: «¡Mamá!», muestra que sabe exactamente qué comportamiento esperar de usted.

Él es lo suficientemente inteligente como para mantenerse lejos del alcance de la agitación de sus brazos en su reacción inicial. Todo lo que consigue es la versión tardía y enfriada de usted cuando dice, con las manos en las caderas: «Joven, espero más de ti porque eres mayor...».

Él regresa a su habitación, sonriendo, porque el espectáculo que creó funcionó. Su atención al mal comportamiento de él lo lleva a planear cómo torturará a su hermana la próxima vez.

Deje que el juego continúe.

> *No hay mejor manera de llamar su atención que molestar a la pequeñita «indefensa» de la familia.*

Conducta # 9: Su hijo de trece años se ha transformado, de la noche a la mañana, en una criatura extraña e insolente.

Propósito: Su expresión de asombro lo dice todo. Puede que usted se haya enfocado en limpiar el sótano, pero ahora está prestando atención a su reacción. ¿Cómo podría estar actuando así el tierno niño al que le encantaba acurrucarse a su lado y quería aferrarse a su mano en el supermercado?

Al llamar su atención por medio de esa respuesta inesperada, su adolescente le está diciendo: «Oye, mírame. Estoy cambiando. No estoy exactamente cómodo con estos cambios. A veces quiero seguir siendo un pequeñín, por lo que realmente necesito a mi mamá y a mi papá. Otras veces creo que ellos son las personas más estúpidas del planeta. A veces quiero ser adulto; estoy cansado de que los adultos me digan qué hacer. Y otras veces no me gusto, las partes de mi cuerpo están cambiando; en realidad, ustedes saben lo que quiero. Necesito ayuda, pero no sé cómo solicitarla, aunque no estoy seguro de quererla. Estoy algo confundido».

Bueno, esa es la ironía del siglo. Los adolescentes pueden ser más cambiantes —en cuanto a color emocional— que los camaleones cuando enfrentan un peligro inminente.

Bienvenido a la etapa hormonal, padre afortunado.

Conducta # 10: Un maestro atrapó a su hijo de catorce años fumando una sustancia aromática ilegal en un callejón detrás de la escuela, pero usted se siente como si fuera el que está acusado por la escuela y, además, sufre en casa.

Propósito: Después de un traslado forzado debido a la reubicación de su trabajo y dejar a todos sus amigos de la infancia, su hijo de catorce años quedó —definitivamente— infeliz. Él encontró una manera de hacerle ver lo infeliz que es y que todo es culpa *de usted*. Por eso no se esforzó tanto como sus nuevos amigos para huir de la escena, por lo que fue el único al que atraparon. Debido a que no denunciaría los nombres de los del nuevo grupo que estaba fumando con él, a él fue a quien condenaron.

La enigmática llamada telefónica de la escuela y la sentencia de libertad condicional captaron su atención, funcionó. Usted no solo se ve como un mal padre en esta nueva y pequeña ciudad, sino que la administración de la escuela ya etiquetó a su hijo como un pendenciero. Y su adolescente está trabajando arduamente para encontrar nuevos modos de hacer que usted sufra en su hogar, incluido convertir su casa en una pocilga —mientras usted está en el trabajo— y negarse a hacer cualquier cosa que le pida.

> *Él encontró una manera de hacerle ver lo infeliz que es y que todo es culpa de usted.*

Conducta # 11: Después de apoderarse —sin permiso— de las llaves del automóvil familiar, su hijo de quince años fue a dar un paseo, pero golpeó el parachoques de otro carro y terminó en la estación policial.

Propósito: Su adolescente lo ha estado molestando para que le dé más tiempo al volante con su permiso de conducir, pero usted ha estado ocupado... bueno, con la vida en general. Ya tiene más de la mitad de las horas de manejo permitidas, y todavía le quedan seis meses antes de cumplir dieciséis años e incluso podría obtener su licencia. Pero es impaciente y no cree que usted lo toma en serio.

Cuando él le pidió que lo acompañara a manejar, usted tenía un compromiso que cumplir, así que le dijo: «No, esta noche no. Podemos practicar con el auto los sábados y los domingos».

Usted pudo captar su airada vista y el fastidio con que le dio la espalda. Por otra parte, ya está acostumbrado. Tiene dos adolescentes.

Como esa espera le parecía toda una vida —y su hijo no podía llamar su atención cuándo ni cómo lo deseaba— tomó el asunto en sus manos. Tomó las llaves del auto —a escondidas—, se dirigió a la puerta trasera y tomó el control de su propio destino con un viaje en automóvil; además, recogió a un amigo a unos pocos kilómetros de distancia. Solo tenían la intención de recoger algo de comida en un restaurante de la localidad, pero —en una intersección— no pudo controlar el auto.

Ahora bien, el parachoques del auto es la menor de sus preocupaciones. Él perdió su permiso de principiante y usted perdió cualquier pizca de sentido del humor.

Conducta # 12: Su jovencita de diecisiete años no está llenando sus solicitudes de ingreso a la universidad, por lo que usted —secretamente— comienza a hacerlas, puesto que teme que ella pierda la oportunidad de presentarlas.

Propósito: Qué adolescente tan inteligente. Todo ese papeleo en línea es desalentador y ella, en realidad, no quiere hacerlo. Ella sabe que, si capta la atención y la simpatía de usted —al parecer superocupada y estresada por sus clases y las inminentes transiciones de la vida— la rescatará. Después de todo, si alguien más lo va a hacer, ¿por qué debería hacerlo ella? Eso le da mucho más tiempo para enviar mensajes de texto a sus amigos, comprar nuevas canciones en iTunes y ver videos en YouTube.

El secreto que sus hijos no quieren que usted sepa

Al observar cada uno de esos comportamientos, ¿vio cómo cada uno de ellos cumplió un propósito en la vida de ese niño? Seamos francos. Si *usted* hizo determinada acción y sirvió para un propósito que fue beneficioso para usted, ¿no querría continuar haciéndolo?

Por supuesto que lo haría. Yo también. Como el más pequeño de la familia que fui, aprendí desde el principio que —si no tenía ganas de hacer algo— solo bastaba con arrastrar los pies para que mis padres les dijeran a mi hermano o mi hermana mayor que me ayudaran o que lo hicieran de todos modos, porque ellos —como perfeccionistas— no podían soportar que eso no se hiciera.

¿Por qué hacía eso? Porque me funcionaba.

¿Por qué usted hace cierta acción ahora? Porque funciona

Por ejemplo, a usted le encanta cocinar, pero detesta limpiar. Usted, a propósito, no toma el tiempo suficiente para limpiar antes de tener que salir para su tan esperada noche con sus amigos. Usted sabe que su organizadísimo compañero será incapaz de soportar eso, por lo que él lo limpiará por usted... aunque murmure todo el tiempo. Mientras él limpie, la beneficia a usted, ¿le parece?

Sin embargo, ¿y si hizo un desastre y volvió a casa para encontrar todo como lo dejó? ¿Y si nadie intervino para limpiarlo por usted? Es posible que se decida a limpiar antes de que el sucio se solidifique como el cemento en el tope de su cocina y tenga que restregar más fuerte. De modo que retrasar la limpieza ya no sería beneficioso para usted.

Así que aquí está el secreto que su hijo no quiere que sepa: su mal comportamiento continuará mientras sea beneficioso para él o ella. Cuando ya no obtenga resultado, se detendrá. Si se trata de un comportamiento muy arraigado, eso podría pasar varias veces hasta que el chico entienda que el panorama está cambiando. Pero no se preocupe. En algún momento lo conseguirá y el comportamiento del chico cambiará.

En los doce escenarios que examinamos, que desciben situaciones de la vida real, el mal comportamiento comenzó debido a una sola palabra. Es por eso que la he usado, a propósito, como palabra clave en cada uno de los escenarios. ¿Lo notó, por casualidad?

Si usted es una persona detallista (probablemente un primogénito, por cierto), probablemente la notó, e incluso podría haberse molestado un poco. *¿Por qué no puede ocurrírsele —a una persona que tiene la palabra «doctor» delante de su nombre— un vocablo diferente para eso?*

Si usted es un hijo del medio, es posible que lo haya notado, pero no le molestó. Después de todo, está listo para descubrir cómo hacer malabares para proceder como padre y amigo de su hijo.

Si usted es el más pequeño de la familia, está leyendo este libro rápidamente y viendo lo que se destaca más (o le pide a su pareja o amigo primogénito que lea el libro por usted y le informe lo más destacado), por lo que ni siquiera advirtió la palabra más utilizada.

Entonces, ¿cuál es esa palabra?

A-T-E-N-C-I-Ó-N.

Hasta la deletreé para llamar *su* atención.

Eso, queridos padres, es exactamente lo que les están haciendo esos hijos que se portan mal. ¿Por qué a usted en particular? Siga leyendo.

Por qué usted, y solo usted, lo hará

*Por qué su hijo quiere su atención, necesita su
atención y fue programado para amarlo a usted.*

Los niños son tan sociables como los leones marinos sobre una roca en un hermoso día soleado en Monterey, California. Si les presta atención —aplaudiéndolos, apreciando sus travesuras—, realizarán todo tipo de trucos y moverán sus aletas alegremente.

Pero espere. Deles la espalda, ignórelos u ocúpese con otra cosa y usted es el que tiene problemas. Primero gritarán más fuerte para llamar la atención. Luego le salpicarán en un minijuego de poder. Si esas astucias más leves no funcionan, podrían intentar algo como la venganza al estilo de los leones marinos. Vi a uno de ellos arrebatarle un sombrero para el sol a una mujer que estaba sentada en una roca cercana. Otro se acercó sigilosamente a un hombre que dormía y lo empujó con tanta fuerza que se deslizó del borde al océano.

Los niños, como los leones marinos, actúan para llamar la atención. Y sobre todo, ¿cuál es la que más desean? La de usted. Aun cuando su

> *Los niños, como los leones marinos, actúan para llamar la atención. Y sobre todo, ¿cuál es la que más desean? La de usted.*

lenguaje corporal parezca decir: «Sal de mi espacio», quieren que usted esté en él. Aun cuando vayan en contra de cualquier «regla» que usted establezca, esos límites crean una red de seguridad para ellos.

En apariencia, sus ojos podrían decir: «Vamos, ¿en serio?». Pero por dentro están suspirando de alivio. *Sí, las cosas se ponen difíciles en ese momento. Pero estoy bien. Mamá y papá se preocupan por mí, así que todo saldrá bien.*

Es por eso que la forma en que responda a cualquiera de los malos comportamientos de su hijo es determinante.

La impresión en usted

¿Sabía que su hijo, desde el principio, estaba programado para enamorarse de usted?

Cuando un bebé abre los ojos por primera vez, lo que ve deja una impresión duradera. Este proceso se conoce como *impresión*. La idea de la impresión se remonta a 1873 y a Douglas Spalding, un biólogo inglés que notó que los pollitos siguieron el primer objeto en movimiento que vieron. A eso lo llamó el *estampado* de una impresión.

Más tarde, el biólogo alemán Oskar Heinroth lo llamó *proceso de estampación,* pero fue su estudiante —el ornitólogo austriaco Konrad Lorenz— el que popularizó la idea al estudiar el vínculo entre la madre y el bebé con los gansos. Lorenz apartó a la madre, incubó artificialmente los huevos y se aseguró de que él fuera el primer ente en movimiento que vieran los polluelos cuando emergieran. ¿El resultado? Los bebés *lo* siguieron como si él fuera su madre. No importó que ni siquiera se pareciera vagamente a un ganso.

El innovador experimento de Lorenz reveló cuán crucial es la presencia de una figura materna para los gansos. En pocas palabras, reconocer a «mamá» les da a los jóvenes «una ventaja de supervivencia para comprender en quién pueden confiar y de dónde pueden obtener los alimentos».[2] Sin mamá, los gansos no podrían sobrevivir en la naturaleza.

Si grazna como un pato, podría no ser uno

Hace mucho tiempo, cuando empezaba a estudiar psicología en la Universidad de Arizona, uno de mis profesores habló de otro estudio interesante que Lorenz y su equipo realizaron con un grupo de patos. La apremiante pregunta de ellos fue: ¿Qué pasa si, justo después de que los patos nacen en el estanque, la mamá pata no solo es apartada de los bebés, sino que es reemplazada por una pelota de baloncesto, con sonidos de patos y movimientos controlados remotamente por los investigadores?

Así que, después de que un grupo de patitos nació en el estanque, los investigadores se llevaron a mamá pata y la reemplazaron con una pelota de baloncesto a control remoto. ¿Qué pasó con aquellos patitos? Se unieron al balón. En cualquier lugar donde flotaba la pelota, los patitos la seguían en línea.

¿Qué sucedió cuando la mamá pata original fue reinsertada en el estanque? Los bebés no solo no la siguieron; la ignoraron. Estaban demasiado concentrados en la pelota de baloncesto puesto que se había convertido en su «mamá».

En el período crítico, entre las primeras diecisiete a veinticuatro horas después del nacimiento de un bebé pato, ese bebé se unirá y luego seguirá cualquier cosa que se mueva. Con suerte, para los patitos, habrá una madre a la que puedan seguir.

¿Por qué le cuento estos experimentos científicos con aves? Porque estoy convencido de que los seres humanos también viven ese período crítico. Así como reconocer a «mamá» les da a los gansos una ventaja de supervivencia, reconocer que mamá enseña al bebé en cuanto a la confianza y el amor, le da seguridad en una fuente de alimentos y le ofrece una cálida entrada al mundo.

Observe a una madre con su bebecita. Esa bebé realmente danza en perfecta sincronización con mamá, escuchando su voz, observando su movimiento y respondiendo en consecuencia. Todo lo que hace mamá —la suavidad con la que habla, la forma en que se ríe, las canciones que canta por la noche, incluso el balanceo de su cuerpo al hacer ese movimiento suave que solo las mamás pueden hacer para dormir al bebé— crea una atmósfera de amor y estabilidad.

Sus hijos son sus mejores admiradores.

Esa niña absorbe toda la atención de su madre como una esponja. Y debido a que está tan concentrada y unida a mamá, aprenderá muy rápido. Ella copiará lo que mamá dice y cómo lo dice. Levantará la cabeza como lo hace mamá e incluso se pondrá la mano en la cadera. Con su plastilina, imitará el horneado de un pastel, dando los mismos pasos que mamá da para hornear uno. Es por eso que, por ejemplo, si desea que su hija aprenda sin problemas un segundo idioma, el momento óptimo para empezar es desde los dieciocho meses hasta los tres años. Aun mejor si usted lo habla y su hijo puede mirarla y escucharla.

En pocas palabras, sus hijos son sus mejores admiradores. Lo que usted modele se imprimirá permanentemente en ellos.

Como dijo una vez Anne Ortlund: «Los niños son cemento fresco»,[3] moldeable e impresionable. Pero a medida que envejecen, ese cemento se endurece y es más difícil hacer impresiones. Por eso el mejor momento para atraparlos es… tan pronto como usted pueda.

Sin embargo, no pueden verle si no está ahí, ¿le parece?

Lo primero que usted puede hacer por sus hijos

Medite en unos pocos años, o en muchos, dependiendo de las edades de sus hijos. ¿Recuerda la primera vez que miró a los ojos a su hijo? ¿En ese momento de impresión?

Yo, ciertamente, lo hago con cada uno de mis cinco hijos. Con Holly, mi primogénita de 49.5 centímetros, pensé: *Ah, era del mismo tamaño que el perca que pesqué hace un tiempo.* Un sentido de responsabilidad, protección y, lo admito, un poco de temor me embargaron. No quería que mi bebé tuviera frío, así que encendí el calentador. Cuando llevé a Sande y a Holly del hospital a casa, esta estaba como una incubadora a cuarenta grados centígrados. Mi esposa sudorosamente profusa dijo con paciencia: «Cariño, di a luz a un hijo… no una margarita africana».

Yo era psicólogo, pero Sande y yo todavía no teníamos idea de lo que estábamos haciendo como padres primerizos. Simplemente aprendíamos a medida que avanzábamos. Solo una cosa era cierta en nuestras mentes: nos sentimos felices cuando nuestra pequeña bebé tomó una siesta para poder limpiar la zona de desastres y prepararnos para las próximas cuatro horas. Tendríamos mucha suerte si nosotros podíamos tomar una siesta.

A medida que criamos a Holly y luego a cuatro más —Krissy, Kevin II, Hannah y Lauren— hicimos algunas cosas bien y nuestro promedio aumentó conforme agregamos hijos. Pero también cometimos errores. Para cuando Holly era adolescente, evidentemente había cometido tantos errores que una vez declaró con vehemencia en la mesa: «¿Sabes qué, papá? ¡Deberías leer uno de tus propios libros!».

Me dolió. Sin embargo, hoy a los dos nos está yendo bien, y nuestra relación se ha vuelto más estrecha a lo largo de los años conforme resistimos los cambios juntos.

Después de sobrevivir y prosperar a través de la crianza de cinco hijos que son tan diferentes como el día y la noche, estoy convencido de que una de las cosas más importantes que hicimos bien fue prestar atención a nuestros hijos.

Nuestra decisión de estar *presentes* con nuestros hijos, desde su más temprana edad, tiene mucho que ver con nuestras relaciones saludables y continuas ahora que son adultos. Sí, requirió algunos sacrificios, como tener solo un automóvil durante varios años y ahorrar creativamente centavos en vivienda, ropa y comida, pero los dividendos valen la pena. No importa por dónde vaguen nuestros hijos, *quieren* regresar a casa. Es más, gustan de sus hermanos y se aparecen en los cumpleaños de los demás en otros estados. Nos envían mensajes de texto y lo hacen entre ellos a menudo. Hacen que los eventos familiares de los Leman sean una prioridad de la vida, aun cuando tengan familias extensas y redes de amigos afables.

¿Cómo se consigue que esos niños se preocupen unos por otros? Eso comienza con su presencia desde el principio, cuando ese primer pequeñín aparece en su hogar. Para algunos de ustedes, ese es el día en que dieron a luz a su niño de cincuenta centímetros. Para otros, es el día en que ganaron una hijastra o un hijastro. Para aun otros, es el día en que adoptaron a su hijo de seis meses, cinco o nueve años.

CÓMO LO HAGO:
Jake y Rachel

Mi esposa y yo estábamos inmersos en nuestras ocupadas profesiones cuando al fin recibimos la llamada que estábamos esperando de nuestra agencia de adopción. Jessie, de cuatro años, se unió a nuestra familia unos meses después.

Rachel viajaba a menudo en cuestiones de su trabajo, pero acordó con su compañía reducir sus habituales cuarenta y cinco o cincuenta horas de labores a treinta, y no viajar al menos durante los próximos años. Además, se organizó para trabajar solo dos días en la oficina durante la semana. En uno de esos días, mi mamá y mi papá, que viven al otro lado de la ciudad, pasan tiempo con Jessie y la acompañan a una clase de música de media hora.

Por mi parte, cambié el trabajo de los viernes por los sábados, así que paso los viernes en casa con Jessie mientras Rachel trabaja. Los domingos son días de mamá, papá y Jessie, para los tres.

Tuvimos que hacer muchos malabarismos para que todo funcionara, pero la sonrisa en la cara de mi hija lo vale.

Nuestra hija Hannah adoptó unas gemelas cuando eran bebés y aprendimos aún más sobre la importancia de la presencia. Hannah tuvo el privilegio de estar presente cuando nacieron esas bebés. No todos los padres adoptivos son tan afortunados. Pero conozco a muchos otros padres adoptivos que, aunque no pudieron estar allí en los primeros días de su hijo, se han esforzado por imprimir en ese niño su amor y su cuidado, pero sobre todo su tiempo.

El concepto de la impresión y la importancia de la presencia de los padres son las razones por las que aliento a las parejas, siempre que sea posible, a que uno de ellos permanezca en casa con los niños. O pueden dejar de quedarse en casa, ya sea que eso conlleve reorganizar o reinventar el trabajo, recortar gastos que no son necesarios para establecer una mayor prioridad o pedir ayuda a otros seres queridos en el hogar.

Así como se necesitaron dos para bailar el tango y crear ese niño o adoptarlo, ambos padres deben participar en la crianza. Esas tres semanas a cuatro meses de permiso por maternidad otorgados automáticamente por una compañía para la que usted trabaja no es suficiente tiempo si quiere desarrollar una relación cercana con su hijo y que abarque toda su vida. Nadie puede criar a ese niño como usted, ni nadie más estará tan interesado en el bienestar a largo plazo de ese hijo.

Si usted es madre soltera, quedarse en casa con su hijo puede parecer una tarea desalentadora e imposible. Pero permítame preguntarle: ¿No vale la pena investigar las posibilidades cuando el bienestar de su hijo está en juego? ¿Podría trabajar a tiempo parcial? ¿Trabajar en línea desde casa? ¿Reinventar el tipo de trabajo que hace? ¿Agilizar gastos? ¿Pedir ayuda a otras personas de confianza? ¿Cambiar un día de cuidado en el hogar con otra madre soltera? Si dos de ustedes van a la misma clase de música, ¿podrían dejar de llevar a los niños mientras una de las dos trabaja?

Si no prueba algo, ¿cómo sabe que no funcionará? Las opciones son tan infinitas como la abundancia de sus ideas. Si quiere algunas ideas más, vea mi libro *Single Parenting That Works*.

CÓMO LO HAGO:
Renee

Soy una madre soltera con un niño de dos años. Cuando mi esposo se fue poco después de que naciera mi hijo, desempolvé mis habilidades como estudiante de música y comencé a enseñar piano.

Doy clases desde casa cuatro días a la semana durante la siesta de dos horas de Callan. El viernes, la hija mi vecina que estudia secundaria, me sirve de niñera por tres horas después de la escuela a cambio de una clase de piano semanal gratuita el sábado por la mañana. Juegan muy bien, especialmente en un momento en que Callan muestra signos de extraña ansiedad.

Los sábados, mi hermano y mi hermana se turnan para recoger a Callan durante el día y lo llevan a lugares divertidos como el parque, la granja de mariposas de la localidad y el museo de ciencias para niños. Doy clases de nueve de la mañana a seis de la tarde, cuando Callan regresa. Las dos horas posteriores son el tiempo de mamá y Callan.

La mayoría de los domingos los pasamos con mis padres, que acogen a Callan con amor familiar y nos dan los excedentes de la cena para llevar a casa con nosotros, lo que facilita mis lunes. (Ahora los llamo días de «no cocinar»). A veces mis padres me obligan a salir con el fin de que pase tiempo con amigos que normalmente no tendría oportunidad de ver.

De vez en cuando, mi familia me ayuda de una manera sorprendente: como cuando mi auto dejó de funcionar y mi hermano con un amigo mecánico me lo arreglaron gratis. O cuando mis padres sabían que había tenido un mes difícil y me dieron trescientos dólares para el alquiler.

Ahorrar centavos no es fácil. No es la vida que hubiera elegido.

Pero estoy agradecida por haber encontrado una manera creativa de pasar tiempo con la persona que más me interesa: mi hijo.

Cómo lograr ese objetivo de pasar el mayor tiempo posible en el hogar mientras sus hijos crecen puede ser algo tan característico como su situación. La flexibilidad es importante. Algunas familias simplifican o reducen su tamaño para que mamá o papá puedan salir de la fuerza laboral durante unos años. Otras mamás se mudan —a medio tiempo— con la abuela, una

CÓMO LO HAGO:
Rebecca

Me casé tarde en la vida con un maravilloso padre de dos hijas adolescentes, de trece y quince años. Perdieron a su madre cuando estaban en la escuela primaria. Antes de que Rusty y yo nos comprometiéramos, les dije a las chicas: «Sé que amaban mucho a su madre. Nunca podría reemplazarla. Pero ¿me permitirán ser como una amiga o tía mayor a medida que nos conozcamos?».

Esas palabras fueron un primer paso para eliminar el miedo o el resentimiento potencial. No significaba que los celos no surgieran cuando sintieran que recibía demasiada atención de su padre. O que a veces no me dijeran: «No eres mi mamá. No me digas qué hacer». Pero también hubo pequeños avances mediante los cuales aprendieron a amar y a aceptar a alguien nuevo.

La mañana del dieciseisavo cumpleaños de Andee, la escuché llorar en su habitación. Toqué ligeramente la puerta y le dije: «Cariño, ¿puedo entrar?».

Estaba sentada en la cama con una foto de su madre.

Me senté a su lado. «Sé que extrañas a tu madre. Y es tu cumpleaños. Apuesto a que desearías que ella estuviera aquí».

Andee se sopló la nariz y asintió.

La rodeé con el brazo. «Bueno, si ella estuviera aquí, apuesto a que diría lo orgullosa que está de ti. Que eres una joven inteligente y hermosa que es amable con su hermana y ama a otras personas. Justo el otro día me di cuenta...». Y le conté la historia de algo tierno que la había visto hacer para nuestra vecina, que no se sentía muy bien.

Al permitirme abrazarla durante mucho tiempo, se sintió realmente bien.

Siempre quise ser madre. Aunque todavía no me llamaba mamá, ella se sentía como mi hija.

Pasaron cinco años como en un instante para Rusty y para mí. Nuestras hijas ahora están en la universidad. (Tenga en cuenta que dije «nuestras»). Y cuando llegan a casa en su receso, ¿adivine qué sale de su boca al llegar?

«Mamá, papá, ¡qué bueno verlos!».

Para cualquiera que esté en las trincheras de los padrastros, tengo dos consejos: (1) Sea amoroso y paciente. (2) Aguante ahí. Las cosas buenas les llegan a aquellos que esperan. Esas dos chicas que me llaman «mamá» son prueba viviente de ello.

hermana o un esposo que atienden al bebé los días u horas que está lejos de casa o necesita dormir. Algunos padres y madres inician negocios en casa y trabajan a deshora mientras sus hijos duermen. Sus parejas, que tal vez nunca cocinaron ni limpiaron un día en sus vidas, ahora vuelven del trabajo al hogar y sirven como cocineros y limpiadores de la casa. Conozco a un tipo que, hace unos años, ni siquiera podía encontrar la leche en la tienda de comestibles. Hoy es un comprador y experto en cupones en línea.

Todos los niños salen del útero anhelando atención. La pregunta es, ¿la van a obtener de usted?

No subestime nunca el valor de su presencia en el hogar. Imprima su amor, su cuidado y sus valores en su hijo. Aun cuando sea un adolescente cuyo comportamiento parezca decir: «No te quiero cerca», créame, lo apreciará. De hecho, usted es la persona que evita que su inclinado mundo adolescente gire fuera de su eje hacia la tierra de la fantasía.

Solo tiene una pequeña ventana para dejar su marca, positiva o negativa, en su hijo. Créame, esos dieciocho años que su hijo está en su hogar (o parcialmente en su hogar, si comparte la custodia con un ex) volarán rápido. Cuando usted sea viejo como yo, no dirá: «Ah, desearía haber pasado más tiempo en el trabajo o de vacaciones». Lo que usted dirá es: «Si hubiera pasado más tiempo con mis hijos mientras crecían».

Todos los niños salen del útero anhelando atención. La pregunta es, ¿la van a obtener de usted? Aun más, si no le presta atención a su hijo, ¿quién lo hará? A nadie le importará su hijo como a usted. Y nadie puede dejar una buena impresión en él o ella como usted. Se necesita tiempo y su presencia.

No le endose su rol de padre a nadie, sea consejero, entrenador, niñera, director de escuela o maestro de baile. Ellos pueden ser los mejores en su campo, pero no son usted.

Solo usted lo hará.

Por qué usted hace lo que hace

En qué manera influyen —más de lo que usted se imagina— sus antecedentes y experiencias en la crianza de sus hijos.

¿Alguna vez ha dicho: «Nunca voy a decirles a mis hijos lo que me dijeron mis padres»? ¿Pero, entonces, no solo dice esas cosas, sino que usa exactamente las mismas palabras, solo que más fuerte, con sus propios hijos?

Bienvenido al club. Lo que sucede en su infancia por lo general lo repite en la crianza de sus hijos, a menos que se dé cuenta de por qué está haciendo y diciendo eso y haga cambios deliberadamente. Pero, ¿por qué debería preocuparse por cambiar cuando compró este libro porque le preocupa el proceder de sus hijos? Porque cualquier modificación en la conducta de ellos comienza con un cambio en la suya. Como dijo un consejero sabio una vez: «No les importa lo que sabes hasta que saben que te importa».

Por tanto, en este capítulo, echaremos un vistazo rápido a sus años de crecimiento. Todo lo que sucedió en su infancia está influyendo en la crianza de sus hijos ahora. Eso incluye a los padres con los que creció y cómo lo trataron, el lema de vida que creó como resultado de sus experiencias y la forma en que interactúa usted con sus hijos.

De tal palo tal astilla

Me reí mucho un día mientras caminaba por una calle concurrida de la ciudad. Un padre y su hijo pequeño esperaban en el lado opuesto de un cruce peatonal en un semáforo en rojo. El padre, con su dispositivo Bluetooth en un oído, estaba hablando con una persona desconocida y gesticulando con las manos. El hijo —con el teléfono inteligente de su padre en la mano— lo miró, sacó uno de sus auriculares y comenzó a gesticular también.

Cualquier modificación en la conducta de ellos comienza con un cambio en la suya.

Al ponerse la luz verde para que los peatones cruzaran, los encontré en el medio de la calle y al padre diciéndole a su contacto telefónico: «Eso es todo por hoy». El joven hijo miró a su padre y luego dijo —con seriedad— en su teléfono: «Y eso es todo por hoy».

¿Qué estaba haciendo ese pequeño? Imitando las acciones de su héroe.

Todos admiramos a alguien cuando éramos niños. Para mí, fue mi madre santa la que soportó de manera paciente todas mis payasadas, seguida por mi padre, mi hermano mayor, mi hermana mayor y los bomberos, que tocaban la bocina realmente fuerte, acudían a los edificios y salvaban a las personas como lo hacía Superman.

Cuando usted era niño, ¿a quién admiraba? ¿A su mamá? ¿A su papá? ¿A un hermano mayor porque sus progenitores eran padres ausentes? ¿Cómo quién quería ser cuando fuera grande?

¿Cómo era esa persona? ¿Alentadora? ¿Amante de la diversión? ¿Confidente? ¿Comunicadora? ¿Respetada por todos? Un poco mandones, pero ¿podría contar con ellos para hacer el trabajo?

Esa persona fue la que más le ayudó a formar su personalidad y su lema de vida. Los siguientes son cuatro lemas de vida con sus respectivos pros y contras. ¿Cuál de ellos se le parece más al héroe que tuvo cuando era niño?

Hagámoslo de la manera divertida

Su lema de vida: *Solo valgo si soy el centro de atención: notado, apreciado y admirado.*

Pros

La mejor descripción de «manera divertida» es la *diversión* misma. Ellos son espontáneos, se zambullen en el agua antes de investigar qué tan profundo es el estanque. Ponen cualquier actividad social —como organizar un asado con toda la familia— por encima de cosas relevantes como limpiar el garaje o pagar la factura de la luz. No molestan al hijo para que estudie para su próxima prueba avanzada de ciencias porque, francamente, no le hacen un seguimiento a los detalles y ni siquiera recuerdan que tiene ese examen. Están demasiado ocupados pensando en su próxima fiesta de cumpleaños o en el nuevo modelo de iPad que vieron.

Los que son del tipo «divertido» quieren ser notados y apreciados por lo que son y por lo que hacen. Es incluso mejor si esa persona dice cosas como «Guau, eres el mejor padre de todos» o «Nadie puede ser mejor que tú. Podrías establecer tu propia panadería».

El divertido se ríe y sonríe mucho, puede hablar de cualquier cosa con cualquier persona, contar historias animadas y disfrutar interactuando con la gente en general. Son encantadores y tienen grandes redes sociales.

También dicen cosas como: «¿Tienes una F en la prueba? No te preocupes. Obtendrás una A la próxima vez». Son ingenuamente optimistas.

Contras

Los padres divertidos se desaniman fácilmente cuando no son el centro de atención y pueden resentirse si no se los aprecia. También son un poco desorganizados, como la madre que olvidó recoger a su hijo de segundo grado en la escuela porque se estaba divirtiendo demasiado socializando con una nueva amiga que hizo en la tienda de comestibles.

Como no les gusta preocuparse por las cosas, a menudo dejan que otros hagan su trabajo. ¿Recuerda cuando su madre dijo que le ayudaría con esa venta de limonada cuando era niño, pero comenzó a chatear con otra madre, se fue y lo dejó para que lo hiciera todo usted solo?

Los padres que usan el método divertido, siempre están pensando en el próximo premio divertido, por lo que se aburren fácilmente y tienden a saltar de una cosa a otra. ¿Recuerda los cuatro negocios en casa que su padre comenzó cuando usted era niño? Estuvo muy feliz por unos meses, pero luego el trabajo duro lo golpeó y se desanimó rápidamente. Cuando alguien cuestionaba sus motivos o criticaba sus acciones, se desinflaba como un globo con un alfiler clavado. «¿Por qué me molestas?» era su frase normal y luego se iba a buscar a alguien con quien divertirse.

Cuando cada uno de esos negocios fracasó, se le ocurrieron excusas como: «Bueno, tu madre no me apoyó lo suficiente» o «Confié en Ted para que se asegurara de que las finanzas funcionaran, pero no lo hizo bien».

Sus inversiones demasiado rápidas crearon un desbalance en el ingreso familiar por años. Usted no pudo unirse a la liga de fútbol itinerante que quería y su madre terminó trabajando en dos empresas a medio tiempo para ayudar a cubrir los gastos del mes.

Lo que usted aprendió de sus padres divertidos

Si tuvo una experiencia positiva en su crecimiento con un padre así, en la que todo era felicidad, luz y risas, y su familia tenía tanto dinero como para adoptar patrones del tipo «Si lo veo y me gusta, lo compraré» de una manera divertida, entonces usted fue afortunado. Pero tenga en cuenta que la mayor parte del planeta no podrá relacionarse con usted. Para la mayoría de las personas, la vida no es una experiencia fantasiosa como la de los cuentos de hadas de principio a fin.

Si su padre tipo divertido fue su héroe porque siempre fue gracioso, algún día aprenderá —de la manera más difícil— que ser popular, ser aclamado y divertirse no son las únicas cosas ni las más importantes en la vida. Y si espera tener ese tipo de experiencias todo el tiempo, como lo hizo cuando era niño, se sentirá muy decepcionado con la vida en el mundo real.

> *Para la mayoría de las personas, la vida no es una experiencia fantasiosa como la de los cuentos de hadas de principio a fin.*

Es más probable que usted haya tenido algún trauma debido a lo desorganizado del método divertido, la falta de seguimiento en los proyectos y la incapacidad de presupuestar su dinero o planificar su tiempo. Quizás su papá pasaba de un trabajo a otro, lo que significaba que su familia se mudaba mucho. O su madre lo avergonzaba al tratar de actuar como su amiga en público o al vestirse como un payaso frente a su pretendiente.

Como resultado, usted va a ser más duro con su propio hijo si es desorganizado, malgasta su dinero, no parece tomarse la vida en serio y parece especializarse en socializar con otros antes que en estudiar. De ninguna manera quiere que resulte divertida.

Hagámoslo a mi manera

Su lema de vida: *Solo valgo si soy el que manda y los demás siguen mis órdenes de inmediato.*

Pros

Los padres que tienen este lema son líderes impresionantes. Son creadores y trabajadores que pasan mucho tiempo haciendo su trabajo.

Tienen impulso, energía y tienden a hacer las cosas por sí mismos, ya que saben que pueden hacerlo mejor. Están a la cabeza del redil familiar por una buena razón: su «grande» y segura presencia. Cuando entran por la puerta de la casa, todos prestan atención.

Cuando un padre cuyo lema es hazlo a mi manera decide tomar determinada dirección, nunca se deja influir para cambiar de opinión. Usted podría predecir lo que haría un padre de este tipo con su familia. Son tan firmes como el acero, exigen respeto dondequiera que estén, ya sea en el trabajo, en el hogar o en la comunidad. Nadie le molestaba a usted porque no se atrevían a meterse con él, ya que sabían que terminarían mal. Él controlaba todo lo que sucedía en su familia.

Contras

Debido a que tenía tanta confianza en sí mismo, hacía juicios rápidos. Una vez que decidía algo, no se entretenía con ideas nuevas o diferentes. Decía lo que pensaba que era necesario decir, sin importar si hería sus sentimientos. Sí, por lo general tenía razón, pero a veces uno quería que lo escuchara *antes* de que decidiera o que se impusiera la autoridad paterna por hacer algo estúpido.

Tampoco era muy empático. Ciertamente nunca le mimó y rara vez le abrazó. Usted no puede recordar ni una sola vez en todos sus años de crecimiento que dijera: «Te amo» o «Estoy orgulloso de ti».

Lo que usted aprendió de su padre tipo «Hazlo a mi manera»

Por el lado positivo, usted nunca tuvo que preguntarse cuál era el mapa de ruta en su casa, porque todas las reglas estaban claramente establecidas en blanco y negro. Si rompía esas reglas, usted estaba en serios problemas. La frase «castigado de por vida» no podría describir el resto de su existencia en casa. Pero obedezca las reglas, sea una buena niña o niño y las cosas irán bien con su padre. No, usted no recibirá muchos abrazos ni mucha aprobación, pero —de vez en cuando— le hará un guiño y le dirá: «Buen trabajo».

Por otro lado, usted aprendió que, si tiene un problema, es mejor que no lo revele nunca. Si lo hiciera, él se precipitaría y exigiría un juicio todopoderoso en el que casi nunca obtendría lo mejor para usted o podría significar su muerte social en la adolescencia. De modo que, si tenía un problema, lo solucionaba usted mismo... si era posible antes de que se enterara. También aprendió que, si él le pedía que hiciera algo, era mejor que detuviera todo y lo hiciera en el momento o lo pagaría.

Él era un perfeccionista, por lo que usted sentía que nunca podría estar a la altura de sus estándares. Cuando obtuvo una B en ciencias de la tierra, recibió una severa conferencia porque no estaba trabajando lo suficiente, a pesar de que tenía «A» en todo lo demás.

Ese padre tan crítico lo preparó para que fuera su peor enemigo. Nadie tiene que humillarlo porque usted lo haga consigo mismo: «Soy un gran perdedor. Debería haber hecho un mejor trabajo». Usted posterga los proyectos porque sabe que nunca hará un trabajo lo suficientemente bueno. A menudo no los termina porque es mejor ser un vago que un fracasado y un perdedor. Duda de usted mismo. *¿Soy lo suficientemente bueno? ¿Realmente puedo hacer eso y de la manera que debería hacerse? ¿Debería intentarlo?*

Si alguna vez avergonzó a su familia en alguna manera, se metió en grandes problemas porque eso hacía que su padre —tipo hazlo a mi manera— pareciera un mal progenitor. Él nunca dejó que usted fuera un mediocre. Desde ese momento estuvo bajo su ojo avizor y etiquetado como un alborotador rebelde, hasta que su hermano o su hermana hacían algo para que dirigiera su vista escrutadora hacia ellos. Nadie en su familia se atrevía a cuestionar sus pronunciamientos ni su autoridad.

Si es usted una mujer que creció bajo un padre tipo hazlo a mi manera y se casó, lo más probable es que lo haya hecho con alguien como ese buen padre suyo porque aprendió a complacer a alguien como él y se siente

> *Si rompía esas reglas, usted estaba en serios problemas. La frase «castigado de por vida» no podría describir el resto de su existencia en casa.*

cómoda con su esposo tomando las decisiones por usted. De modo que, cuando su noviazgo empezó, naturalmente encontró a alguien como él.

Ahora tal vez hasta tenga que lidiar con dos hombres «tipo hazlo a mi manera»: su esposo y su hijo primogénito, que actúan como su papá. Si es así, no la culparía por soñar con un poco de venganza contra el querido papá y apuntar en dirección a su esposo y a su hijo. Nunca pudo hacer nada lo suficientemente bueno para su padre y ahora tiene dos personas que la critican. Todas esas cosas que su padre detestaba, como si usted cuestionara el juicio de él, la arrastran a hacer cosas, cometer errores y ocultarles cosas, que le son útiles para volver locos a esos dos tipos.

Si es usted un hombre que creció con un padre tipo «hazlo a mi manera», probablemente sea la manzana que no cae lejos del árbol. ¿Todas esas cosas que le hizo su papá? Se las hará a sus hijos, solo que magnificadas. Usted será el mejor controlador familiar. Hará juicios instantáneos, será la impaciencia personificada, dirigirá el espectáculo familiar y no tolerará ninguna pregunta de sus hijos. Después de todo, usted es el padre, y deberían hacer lo que usted diga, sin ninguna duda, porque usted sabe lo que es mejor para todos.

El problema es que, debido a que usted se dedica tanto al trabajo, realmente no se da cuenta de que sus hijos están creciendo y cambiando, y no les da crédito por lo que están aprendiendo por sí mismos. Y si no hace cambios deliberados en su paternidad, día a día se convertirá en el progenitor distante e inaccesible que refleja a su propio padre.

Hagámoslo de la manera correcta

Su lema de vida: *Solo valgo si puedo cumplir mis propios altos estándares haciendo bien las cosas.*

Pros

Los padres tipo «hazlo de la manera correcta» son organizados, analíticos y buenos planificadores. Son atentos y perceptivos a los sentimientos de los demás. Viven con altos estándares e ideales. Son idealistas, fieles a sus familias y consideran los mejores intereses del grupo. Esta es una de esa clase de personas que eran las mejores del aula. En conjunto, de hecho, una persona así es francamente intimidante. Incluso un sábado por la mañana, puede levantarse, ducharse y vestirse con un atuendo impecablemente ordenado antes de que el resto de la familia pudiera siquiera levantarse de la cama. Le encanta sentarse y tomar café en un rincón de la sala familiar antes que los demás se levanten. Los espacios tranquilos son importantes para ella. Usted no tiene que preocuparse de que ella actúe impulsivamente y le grite. Si tiene una idea nueva, ella es la persona con la que usted elegiría discutirla.

> *Los padres tipo «hazlo de la manera correcta» son organizados, analíticos y buenos planificadores.*

Cuando su padre repentinamente decidió que quería trasladar a toda la familia a Carolina del Norte para formar una compañía con un amigo de la universidad, ella se dedicó a considerar la idea por un día en lugar de decirle cuán loca era (aunque sus hijos lo hicieron con vehemencia y no consiguieron nada). Cuando las cosas se calmaron, ella tenía una lista completa de pros y contras con respecto a la mudanza, muchas de las cuales él nunca había pensado.

Además, ella fue la que amplió sus horizontes, su cultura asegurándose de que asistiera a un concierto sinfónico y visitara galerías de arte, algo que una vez usted dijo que le interesaba, a pesar de que estaba en un equipo deportivo en ese momento. En apariencia, puede que usted se haya quejado; pero en secreto estaba contento por tener una excusa que darles a sus compañeros de equipo: «Mi mamá es la que me hace ir».

Contras

Ella esperaba que usted fuera tan detallista, elegante y perfeccionista como ella, pero ninguno de esos son sus puntos fuertes. Usted sentía que ella era tan perfecta que no podía compararla.

Debido a que es una pensadora de tan largo alcance, ya estaba discutiendo su futuro con usted cuando apenas era un estudiante de primer año en la escuela secundaria. Cuando todo lo que podía pensar era si podía sobrevivir o no en aquella jungla que era su primera semana en la escuela secundaria, fue estresante discutir planes a largo plazo como por ejemplo la elección de universidades y de especializaciones.

A veces perdía oportunidades porque le tomaba demasiado tiempo pensar en ellas. O, si tenía una cena familiar planeada y usted tuvo la oportunidad de hacer algo inusual, como obtener entradas gratis para un evento que nunca podría pagar, ella diría que no. A veces se cansaba de tener un horario, incluso los fines de semana. Si se quejaba, obtenía el imperioso arqueo de cejas y una miniconferencia sobre lo importante que era ser disciplinado.

También hubo momentos en que deseaba que ella se defendiera un poco más cuando su padre tenía ideas poco apropiadas, pero ella era demasiado respetuosa para contradecirlo. Al contrario, la veía retirarse físicamente, malhumorarse y adoptar una actitud negativa. Cuando a ella no le gustaba algo, en vez de discutir, le aplicaba la ley del hielo a usted y se iba a algún lado para estar sola.

Usted no tenía idea de que ella estaba insegura hasta que trató de conseguir un trabajo a tiempo parcial pero no fue elegida. Tras eso, apenas se levantó de la cama durante la semana siguiente.

Además, sus amigas eran… bueno, aburridas. Todo lo que hicieron fue sentarse y hablar sobre ideas que no tenían ningún sentido cuando lo que quería era que jugaran con usted.

Lo que usted aprendió de su padre tipo «hazlo de la manera correcta»

Si tuviera que elegir a la progenitora del año, elegiría a esta y querría ser como ella, al menos cuando está en su mejor momento. Ella le escuchaba, era respetuosa con sus ideas y su tiempo, mantenía las cosas organizadas en la casa para que usted pudiera encontrar su ropa, su tarea, y siempre estuvo apoyándole. «Leal» era su segundo nombre.

Cuando el vecino lo acusó de aplastar sus hortensias, su madre le trajo pastel de plátano y dijo dulcemente: «Tus hortensias eran encantadoras. Detesto que las aplastaran. Pero investiga un poco. Mi hijo estaba en la práctica de fútbol desde las tres hasta las cinco de la tarde cuando fueron aplastadas. Vi a un hombre caminando con un Gran Danés en nuestro vecindario durante ese tiempo. Por las huellas en tus arbustos, es muy probable que el culpable sea el perro».

> *Si su padre se hubiera enfrentado al vecino, se habría armado la Tercera Guerra Mundial en la cuadra.*

Con esos pocos detalles, el nombre de su hijo quedó limpio y hubo de nuevo paz entre su casa y la del vecino.

Ahora, si su padre se hubiera enfrentado al vecino, se habría armado la Tercera Guerra Mundial en la cuadra. En contraste, su madre nunca le avergonzó en público. Ella no invadió su habitación como lo hizo su hermana, porque a ella también le gusta la privacidad.

Debido a esas cualidades que admiraba de ella, usted también respeta la privacidad de sus hijos, aun cuando no quieran hablar. Usted los respalda y los ayuda a organizar sus tareas y sus actividades. Usted trata de presentarles alimentos e información sobre otras culturas y noticias de todo el mundo, aunque al hacerlo reciba algunas quejas como «No otra vez...».

Sin embargo, usted también espera que sus hijos cumplan con los mismos altos estándares que su madre esperaba que usted cumpliera. Si no obtienen la calificación máxima, los presiona para que se desempeñen mejor. Si no son tan organizados u orientados a los detalles como usted, les brinda «sugerencias» amables.

Si siente que no le dicen la verdad sobre algún acontecimiento, usted sospecha y analiza los hechos tras bastidores. Cuando le atrapan, lanza el inevitable «No confían en mí», a su manera. Debido a que no maneja bien la confrontación, tiende a salir tan pronto como sus hijos se molestan, por lo que el asunto no se resuelve por completo.

Usted es tan fuerte con su hijo menor, que parece encantar y entretener a los demás con sus cualidades de payaso, pero eso le molesta profundamente. Es propenso a detestar a los grupos, que es algo en lo que él prospera, por lo que no entiende su inclinación a darles prioridad a las actividades sociales. Cuando él evade pasar tiempo con usted para pasarlo con amigos, usted se molesta y tiende a guardarle rencor.

Se siente más cómodo con su predecible hijo mayor, que es más solitario que usted y que también tiene altos estándares. Pero como usted es un perfeccionista que especifica lo que quiere y cómo lo quiere, siempre encuentra margen de mejora incluso en ese chico. Su ojo crítico causa una gran fricción entre ustedes. Usted es incapaz de soportar cuando las cosas no se hacen correctamente, de la manera correcta y en el orden correcto. Pero tampoco su primogénito, así que a veces ustedes dos son como frotar papel lija, que despide chispas.

Hagámoslo de la manera fácil

Su lema de vida: *Solo valgo cuando les gusto a todos y puedo mantener la paz.*

Si pudiera usar una palabra para describir un padre tipo hazlo de la manera fácil, sería pacificador.

Pros

Este padre era un gran compañero, siempre dispuesto cuando usted quería hablar. Una vez que usted llegó tarde a casa después de un evento, él estaba sentado en la sala esperándolo. Fue paciente, recto y equilibrado en sus evaluaciones, estaba dispuesto a escuchar su versión de la historia. También mostró tolerancia con sus travesuras, encogiéndose de hombros y diciendo las palabras: «Creo que todos los niños lo intentan alguna vez».

Si pudiera usar una palabra para describir un padre tipo hazlo de la manera fácil, sería *pacificador*. Nunca se enojaba con nadie. A todos les gustaba porque era servicial y podía adaptarse a cualquier situación. Era un oyente extraordinario, por lo que incluso el abuelito gruñón del apartamento contiguo lo amaba.

Cuando pasaban cosas difíciles, él asentía y decía: «Eso es de esperar. Las cosas no siempre pueden ser fáciles. Todos tienen momentos difíciles en la vida. Lo superaremos».

Cuando quería que alguien se quedara a su lado para realizar un proyecto aburrido, como pintar la casa durante las vacaciones de primavera, el padre tipo hagámoslo de la manera fácil era el compañero siempre listo. No renunciaba hasta que terminaba y no parecía importarle los descansos extensos que usted tomaba.

Contras

«Amable» era su segundo nombre. Es probable que escuchara a su abuela decir: «Bueno, él nunca le prenderá fuego al mundo». Claro, eso es un eufemismo. Un padre del tipo hazlo de la manera fácil nunca actúa de manera rápida e impulsiva. Él quiere gustarles a todos, por lo que trabaja fuerte para mantener la paz y evitar el conflicto, aun cuando implique que le toque la peor parte.

Como la vez que se responsabilizó por algo que hizo un compañero de trabajo y fue sancionado. Eso lo molestó bastante porque detestaba que esa persona no pudiera defenderse. Pero cuando reflexionó en lo que era realmente importante para usted porque no quiso alborotar, le dolió profundamente. Usted comenzó a verlo como alguien que no podía tomar una decisión de una forma u otra porque no quería decepcionar a nadie. Eso a menudo dejaba a las personas que amaba en neutro, atrapadas entre dos opciones. Solo una vez quiso verlo pelear por algo que le importaba más que concordar con lo que otros querían.

Cuando se convirtió en adolescente, era popular entre sus amigos puesto que era cariñoso y amable. Los ayudaba con cualquier cosa, aunque eso significara que no hizo lo que le había prometido. Debido a que cambiaba de rumbo para complacer a las personas en el acto, sus acciones parecían erráticas. Y como se tomaba el tiempo de escuchar a la gente en vez de terminar un proyecto, a menudo parecía perezoso.

Lo que aprendió de su padre tipo hazlo de la manera fácil

Cuando quería que alguien escuchara lo que estaba pensando y lo respaldara al presentar un evento a su otro padre, que no lo agradecería, acudía a su padre tipo hazlo de la manera fácil. Para ser sincero, era tan flexible que a menudo lo ponía contra su madre. Además, podía manipularlo para que hiciera sus proyectos si usted no quería hacerlos.

Pero su falta de energía y su incapacidad para tomar decisiones por temor a decepcionar a la gente realmente le irritaba. Quería gritar: «¿Me dirías lo que francamente piensas en vez de darle tantas vueltas al tema?» O «¿Por qué no puedes defenderte?».

Además, su indecisión y su capacidad de cambiar con cualquier viento que soplara en la casa terminaron poniéndolo en una situación difícil más de una vez. Sí, él lo respaldaba… pero solo si su madre no se molestaba por eso. Si se incomodaba, su padre la aplacaría tanto como pudiera, luego descansaría en su sillón hasta que los ánimos se hubiesen calmado y vuelto a la normalidad.

Usted, con sus propios hijos, intenta reflejar las mejores cualidades de sus padres tipo hazlo de la manera fácil: ser paciente, tolerante y comprensivo con el mal comportamiento de sus hijos. Sin embargo, recordar las veces en que su padre no lo respaldaba puede hacerle un celoso protector de sus hijos con los de afuera, aunque sus hijos estén equivocados.

Usted es más duro con el niño que parece seguir la corriente de la mayoría. Debido a que usted deseaba haber sabido lo que pensaba su padre tipo hazlo de la forma fácil, aborde a su hijo con preguntas puntuales, como:

- «Entonces, ¿qué piensas?».
- «¿Por qué no te molestas? Esta situación me molestaría, pero pareces muy tranquilo».
- «¿No crees que estás dejando que esa persona se aproveche de ti porque sabe que nunca pelearás?».
- «¿Por qué no te defiendes? ¿Realmente vas a tomar eso?».
- «Sé que tu amigo lo estaba pasando mal, pero ¿tuviste que pasar tres horas escuchándolo? ¿Qué hay de tu trabajo de historia que tienes que entregar mañana?».

Esas preguntas son una puñalada para el padre —tipo hazlo de la forma fácil— que usted tuvo. Sin embargo, para su hijo, parecerán puñaladas insensatas, por lo que se preguntará: ¿Qué le pasa a papá?

Es su turno

Tómese unos minutos para pensar en sus padres o en el tutor con el que creció (tal vez un hermano mayor o una tía). Aunque los individuos a menudo pueden ser una mezcla de personalidades, ¿a cuál se parecía más esa persona?

- Hazlo de la manera divertida, quiere divertirse.
- Hazlo a mi manera, quiere que se hagan las cosas.
- Hazlo de la manera correcta, piensa en *cómo* se debe hacer algo para que se haga correctamente.
- Hazlo de la forma fácil, trabaja con paciencia todos los factores para que nadie quede inconforme.

¿Puede ver cómo los pros y los contras —de esos tipos de personalidades— influyeron en el padre que usted es? ¿Y en qué modo todo eso dio como resultado el lema de vida que formó y que dice: «Solo valgo si…»? Entonces, ¿con cuál de los siguientes se identifica más?

Manera divertida: Solo valgo si...

- Soy el centro de atención y los demás me ven.
- Soy apreciado y aplaudido.
- Puedo hacer reír a la gente.
- La gente piensa que soy encantador.
- Mi horario está completo y lleno de actividades sociales.
- Soy popular
- Todos me aceptan y piensan que soy maravilloso.
- La gente está interesada en mí.

A mi manera: Solo valgo si...

- Soy lo máximo.
- Otros me respetan.
- Tengo éxito
- Tengo el control
- Soy apreciado por mis logros.
- Yo hago las cosas.
- Otros me obedecen de inmediato.

Manera correcta: Solo valgo si...

- Realizo las cosas correctamente.
- Puedo pensar detenidamente en los proyectos antes de hacerlos.
- Cumplo mis propios altos estándares.
- Realmente establezco objetivos a largo plazo y los sigo.
- Soy organizado
- Otras personas aprecian, y siguen, mi plan detallado y bien pensado.

Manera fácil: Solo valgo si...

* Todos los que me rodean son felices y se llevan bien.
* Puedo mantener la paz
* Puedo complacer a los demás.
* No alboroto el avispero.
* Evito el conflicto.
* Les gusto a los demás.

¿Tiene su respuesta?

Si su lema de vida es «Solo valgo si le gusto a la gente y creo que soy maravilloso» (manera divertida), ¿cómo va a lidiar con el mal comportamiento de sus hijos? Es probable que evite la situación y no lidie con ella. Puede salir de casa por la noche con los amigos que piensan que usted es maravilloso. Esos niños pueden tener un tiempo libre, pero su comportamiento sin control empeorará hasta que usted se vea obligado a lidiar con eso... quizás por alguien ajeno a su familia a quien no le gustan sus formas «divertidas».

Si su lema de vida es «Solo valgo si soy lo máximo y los demás me respetan» (a mi manera), ¿cómo lidiará con el mal comportamiento de sus hijos? Bajará como un juez todopoderoso para juzgar a sus hijos antes de que puedan abrir la boca para explicar cualquier comportamiento. Es posible que obtenga obediencia externa inmediata porque esos niños lo ven como lo máximo. Pero créame, el resentimiento hierve bajo la superficie. La próxima vez que se comporten mal, serán más astutos al respecto para que no los atrapen.

Si su lema de vida es «Solo valgo si los proyectos cumplen con mis altos estándares porque se hacen correctamente» (manera correcta), entonces realmente está en problemas. Esta vez esos «proyectos» son sus hijos, por lo que será imposible para ellos cumplir con sus altos estándares y llevar la vida correctamente, incluso en sus mejores días. Los niños no son proyectos; son personas y tienen sus propias mentes. El hecho de que piense que deberían actuar de cierta manera no significa que están *listos*, que lo harán. Su disposición natural a desanimarse y resentirse no ayudará a resolver el mal comportamiento. Solo lo alejará aún más de sus hijos.

> *El hecho de que piense que deberían actuar de cierta manera no significa que están listos, que lo harán.*

Si su lema de vida es «Solo valgo si le gusto a todo el mundo, se lleva bien y es feliz» (manera fácil), oh amigo, ¿está en problemas? Claro, puede tratar de ocultarle a su pareja las travesuras de sus hijos que se portan mal tratando de arreglar las cosas por un lado, pero eso no durará mucho. Al rescatar a su hijo de las consecuencias de su comportamiento, lo está lastimando a largo plazo. Ese mismo niño que puso detergente para platos en la pecera, en primer grado, se convierte en el investigador de sexto grado que mezcla una minibomba para ponerla en el basurero del maestro. Si no le presta atención a ese niño ahora, en lugar de tratar de mantener la paz, aparecerá una situación que le obligará a abordarlo.

Entonces, déjeme preguntarle: ¿Cuándo vale o cuenta usted?

Al considerar su propio lema de vida, formado como resultado de sus interacciones con sus padres y experiencias de crecimiento, ¿qué ha aprendido sobre cómo ve y reacciona ante el mal comportamiento de su hijo? Para que cambie el proceder de su hijo, debe tener en cuenta y ajustar su perspectiva de «Solo valgo si».

Recuerde: «A ellos no les importa lo que usted sabe hasta que saben que usted importa». Pero cuando lo sepan, el progreso que pueda hacer lo va a sorprender.

Como dijo el doctor Seuss: «Oh, los lugares a los que irán»… juntos.

Programación de la mala conducta

*Cómo prepara usted –de manera inconsciente–
el camino para que su hijo se porte mal.*

Eran las diez y cinco minutos de la noche y estaba terminando un largo día cuando mi hijo de octavo grado, Kevin II, se me acercó con un puñado de papeles.

—Papá, ¿me ayudarías con la ortografía de estas palabras? —me preguntó.

—No —dije, alcanzando el control remoto del televisor.

—¡Papá! Mañana tengo una prueba muy importante —agregó, blandiendo los papeles en dirección a mí.

—La respuesta es no —reiteré en un tono firme.

—Si desapruebo ese examen, será culpa tuya —dijo mi hijo.

—Piensa por un minuto en lo que estás diciendo —le respondí—. Y, aun así, no te voy a ayudar. —Y regresé a cambiar de canales en la televisión.

Él se fue rápidamente a su habitación y cerró la puerta. Escuché algunos objetos que eran pateados por el piso. Fue un espectáculo bastante dramático, rivalizaba con cualquier cosa que pudiera ver en la televisión en ese momento.

En este instante, algunos de los que leen esto estarán estupefactos. *Qué padre tan terrible*, puede que piensen. *¿Es un lavado cerebral de televisión más importante que un hijo? Debió haberlo ayudado a hacerlo bien, sobre todo porque se lo pidió. ¿Qué sucede con usted?*

He aquí lo que está mal. Esa noche, cuando debía haber estado estudiando para el examen de ortografía y debía haber pedido mi ayuda si la necesitaba, mi hijo —al que le encanta la magia— vio el especial del ilusionista David Copperfield en televisión desde las ocho hasta las diez.

El contexto, ciertamente, ayuda a entender mejor cuando se enfrenta al mal comportamiento de su hijo, ¿no le parece?

> El contexto, ciertamente, ayuda a entender mejor cuando se enfrenta al mal comportamiento de su hijo, ¿no le parece?

Como Kevin II continuó pataleando y haciendo un gran alboroto en su habitación, mi presión arterial comenzó a elevarse y pensé en un castigo justo. Es que soy humano.

Entonces hice algo inteligente. Esperé un poco hasta que controlé mis emociones y hasta que él se calmó. Entonces llamé a su puerta.

—¿Puedo pasar?

—Claro —dijo mi hijo en un tono inesperadamente feliz.

Yo sabía lo que eso significaba. Pensó que había cambiado de opinión.

Entré y me senté en su cama.

—Hola, Kevin, desde las ocho hasta las diez de la noche estuviste viendo televisión. Luego vienes a mí a las diez y cinco minutos, después de lo que sabes que es mi hora de dormir, con esa historia trágica. Me parece que, si realmente te hubieses preocupado por la ortografía de tus palabras, te habrías ocupado de ellas más temprano.

Entonces hizo un último intento desesperado.

—Bueno, ¿me vas a ayudar?

Meneé mi cabeza.

—Ya lo dejé claro. Pero quiero ser el primero en desearte buena suerte en el examen.

Y salí de la habitación.

A la mañana siguiente, Kevin II estaba en la cocina muy temprano estudiando ortografía.

Ahora, dígame: ¿habría estado estudiando solo si lo hubiera rescatado la noche anterior? Si le hubiera dicho: «Pobre chico, sé que la ortografía es difícil para ti. ¿Cómo puedo ayudarte?».

No.

Al contrario, ¿habríamos repetido esa escena muchas veces más, haciendo lo que él quería hacer primero (ver un programa de televisión) antes que cumplir con su responsabilidad (ocuparse de su tarea escolar)?

Sí. ¿No es la definición de locura hacer lo mismo una vez tras otra y esperar un resultado diferente?

O ¿qué tal si hubiera dicho: «No sabes nada mejor que molestarme ahora con tu asignación. Ese es *tu trabajo*, así que ponte a hacerlo. Trabajo duro para esta familia y ya terminé por hoy. Deberías haberlo hecho antes»?

Todo lo que esa impugnación habría hecho era alimentar el fuego que ya ardía en mi hijo.

Después de esa experiencia, prestó mucha más atención a su tarea y temprano en la noche. Sabía que papá no retrocedería. Intentó apelar a la simpatía de mamá una o dos veces. Por otra parte, Sande está casada con un psicólogo, por lo que tampoco dejó que se saliera con la suya.

¿Acaso, como algunos de ustedes piensan, el rehusarme a ayudarlo contribuyó a dañar su «psiquis»? De ninguna manera. Hoy Kevin II es conocido en toda la industria como un trabajador muy responsable que encuentra formas creativas no solo de hacer el trabajo sino de hacerlo bien. Lo curioso es que ahora es el productor ejecutivo y escritor principal de dos de los programas de televisión más vistos en la actualidad. Todos esos programas que le encantaba ver fueron buenos preparativos de fondo. ¿Quién lo hubiera sabido?

Cómo se crea la situación

Al final del capítulo dos, hice esta declaración: «Todos los niños salen del útero anhelando atención. La pregunta es, ¿la van a obtener de usted?».

Ahora me gustaría agregar estas palabras: «¿La obtendrán de manera positiva o negativa?».

No comience hábitos con sus hijos que no desea continuar durante sus años universitarios.

Si sus hijos no pueden llamar su atención a través de una conducta positiva, procederán a hacerlo con una mala actitud, lo cual continuará hasta que usted les preste atención. Es por eso que usted, padre —sin saberlo— ha allanado el camino para el mal comportamiento de su hijo. También ha hecho un gran trabajo, por lo que parece, así que dese una palmada en la espalda.

Esta es una de las reglas fundamentales de la crianza de los hijos: no comience hábitos con sus hijos que no desea continuar durante sus años universitarios. Los niños son criaturas de hábitos. Cualquier conducta aprendida se repetirá.

Sin embargo, eche un vistazo a las cosas que hacemos:

«Mira el avión. Zoom… se está acercando. Tienes que abrir el hangar para que el avión aterrice».

«Inténtalo. Te gustará».

«Cómetelo. Hay muchos niños hambrientos en África a quienes les encantaría tener lo que tienes».

«Aaah, mira que cómoda está esa cama. ¿Con cuáles de tus amigos animales te gustaría acostarte esta noche?».

«Si no te acuestas, las hadas del sueño no podrán venir a visitarte».

«Te dije que te quedaras en la cama, así que quédate en la cama».

«No me importa si tienes quince años. Tu hora de dormir es las diez de la noche. Apaga las luces».

«Es hora de sentarse en el baño. Solo inténtalo. Te daré un regalo si lo haces».

«¿Ves todas esas pequeñas tazas especiales? Son tazas mágicas. Si bebes de ellas, tendrás superpoderes».

«Ah, mira lo que hizo. Cariño, ven rápido. ¡Fue al baño solo!».

«Si no vas al baño, no puedes ir al kínder mañana».

«Serás el único niño en la escuela secundaria que use pañales. ¿Quieres eso?».

¿Puede usted, realmente, hacer que un niño piense? No, pero puede estimular su mente.

¿Puede usted, realmente, hacer que un niño coma? No, pero puede sentarse en la mesa con su plato frente a él como el resto de la familia. Si no come, el refrigerador, la despensa y el congelador estarán cerrados hasta la próxima comida. No debe darle en secreto algunos bocadillos porque usted se siente mal. Simplemente echará de menos su comida. Su estómago gruñón hará el truco para recordarle que tiene hambre y que necesita comer.

¿Puede usted, realmente, hacer que un niño duerma? No, pero puede insistir en que vaya a su habitación y se quede allí hasta que sea hora de acostarse. El proceso natural del sueño ocurrirá tarde o temprano.

¿Puede usted, realmente, hacer que un niño vaya al baño o se entrene para hacerlo? No, él debe tener la necesidad de hacerlo por sí mismo. Tal vez vea a su hermano mayor o a su hermana mayor ir al baño. O quiere ir al kínder como su hermano mayor, pero usted le dice que primero tiene que ir al baño. ¿Alguien le da bebidas y golosinas especiales cuando usted va al baño? Entonces, ¿por qué debería hacer eso por su hijo?

Comer, dormir e ir al baño son cosas naturales. Sin embargo, desde el primer momento, los padres creamos hábitos en torno a esas cosas que incitan el inicio del mal comportamiento. Esas malas conductas crecen a medida que sus hijos tienen más encuentros con usted.

Una vez que sus hijos sepan cómo es usted, se acabó... sobre todo si no sabe lo que realmente están pensando e intrigando. ¿Qué está provocando su mal comportamiento? Echemos un vistazo a algunos escenarios.

Escenario # 1

Su hijo de nueve años quiere participar en las pequeñas ligas este verano. Usted está de acuerdo, pero su marido no. Su hijo se pone nervioso y se niega a cenar.

Lo que piensa su hijo de nueve años:

Ah, ya entiendo. Mamá y papá no están de acuerdo. Si trato de obtener lo que quiero con papá, vendrá a mí como un lanzamiento rápido. Pero ya sabes, eso va a estar a mi favor. Lo dejaré hacer eso. De hecho, lo incentivaré un poco al superarme.

Sé exactamente lo que hará mamá. Ella vendrá corriendo y dirá: «John, últimamente estás siendo demasiado duro con Bradley».

Hablarán y ella allanará el camino. No será un problema jugar en las pequeñas ligas.

Lo obtendré.

Escenario # 2

La hora de acostarse sus hijos de catorce y dieciséis años de edad es a las diez y media, pero no quieren acostarse. Quieren ver una película, así que se ponen a planear juntos.

Chico 1: «Está bien, entonces mamá y papá se van a la cama a las once. Todo lo que tenemos que hacer es esperar un poco hasta que estén demasiado cansados como para decir que no».

Chico 2: «Ah, ya sé. Le diré a mamá que tengo una prueba muy importante mañana y le rogaré que me deje estudiar un poco más para prepararme mejor. No puede decir que no a eso».

Chico 1: «Gran idea. Aprendiste algo de mí, ¿eh?».

Chico 2 sonríe: «Sí. Entonces, ¿qué vas a hacer?».

Chico 1: «Calmaré a papá diciéndole que he estado pensando en mi futuro. Le encantan esas cosas. Lo haré hablar sobre la universidad. Ya sabes cómo es él. Podría hablar sobre sus días en Stanford todo el tiempo. Ni siquiera sabrá qué lo golpeó hasta su hora de acostarse. Cuando le pregunte si puedo ver la película, hará un pequeño gesto con la mano y dirá: «Claro, diviértete».

Chico 2: «Pero ¿y qué si no podemos detenerlos el tiempo suficiente?».

Chico 1: «Eso es fácil. Despertamos a Jemmie. Ella se pondrá a llorar, por lo que mamá y papá vendrán corriendo. Estarán tan distraídos que no nos prestarán atención».

Escenario # 3

Su hijo de doce años aborrece dedicarse a sus quehaceres, en particular, sacar la basura. Oportunamente lo olvida, lo pospone por un tiempo o se queja de hacerlo.

Lo que piensa su hijo de doce años:

Otra vez. ¿Por qué tengo los trabajos más desagradables?

Humm, ¿cómo puedo evadir esto esta vez? Quejarme no me lleva a ningún lado. Acabo de recibir «esa mirada» y luego, «hazlo».

La última vez fingí calambres estomacales y luego tuve que salir del baño e ir directamente a la escuela. Mamá no quería que llegara tarde.

Esta vez, veamos… ah, ya sé. Ayudaré a mi hermano pequeño a vestirse para la escuela, ya que todavía no puede atarse los zapatos. Mamá quiere que yo sea más amable con él, que tenga un vínculo con él y esas cosas.

Sí, eso funcionará.

Escenario # 4

Su hija de dieciséis años de edad ha tenido un mal día en la escuela. Su mejor amiga la traicionó y luego tuvo problemas con una maestra por su escritura en un examen. Ella quiere desquitarse con alguien, pero si actúa mal en la escuela, conseguirá una reputación que no quiere. Tiene que pelear con alguien para desahogarse, así que lo hace en el instante en que entra por la puerta.

Lo que piensa su hija de dieciséis años:

Todo lo que tengo que hacer cuando entre por la puerta es darle una mirada a mamá. Eso hará que las cosas comiencen rápido. Ella detesta eso.

«¿Qué sucede contigo?», dirá ella.

«Nada».

Ella aborrece cuando digo eso aún más.

«Entonces mantén tu "nada" para ti y sal cuando no cambies de actitud», dirá.

«Tuve un día realmente malo», diré, «y no necesito que me des una conferencia».

Eso seguramente intensificará la lucha. Y me sentiré mucho mejor después que alguien se enganche.

Mamá lo hará. Ella siempre lo hace.

Esto, padres, es lo que sus hijos realmente están pensando y qué tan bien pueden interpretar una situación. Saben exactamente qué decir o hacer para intensificar una situación y obtener exactamente lo que quieren. También saben cuándo no decir o hacer algo para suavizar las cosas antes de que descienda el martillo. Si tiene más de un hijo, el enemigo se unirá para un ataque frontal.

¿Cómo solemos responder a ese tipo de situaciones? En una de dos maneras. Echemos un vistazo.

Los dos tipos más comunes de crianza de los hijos

La mayoría de nosotros hemos aprendido a ser padres observando a nuestros padres. Si le criaron en un hogar típico, experimentó uno de los dos estilos de crianza extrema. O se esperaba que obedeciera sin cuestionar porque usted era el niño y él era el padre, o usted manda y ella prepara las condiciones favorables.

Tenga en cuenta que usé «él» con el primer estilo y «ella» con el segundo. Explicaré por qué en un minuto. Primero, veamos cada uno de los estilos de crianza.

Estilo de crianza # 1: «Es a mi manera».

¿Le suena familiar alguna de las siguientes frases?

- «Mírame cuando te estoy hablando».
- «Será mejor que te endereces o de lo contrario».
- «Yo soy el que mando y decido...».
- «¿Cómo te atreves a cuestionarme? Soy tu padre».
- «Si no te gusta aquí, puedes irte».
- «Sabes lo que espero y eso no es todo».
- «Será mejor que hagas lo que te digo».
- «Solo eres un niño. ¿Qué sabes tú?».
- «Nunca he conocido a alguien más estúpido. Y tenías que ser mi hijo».

Si uno de sus padres controlaba su casa con puño de acero, nueve de cada diez veces era su padre. Su expectativa era férrea: «Haz lo que te digo cuando lo digo... si no». La amenaza era tácita, pero la sentía en cada fibra de su ser. Le conviene correr a hacer lo que él espera que haga.

Este tipo de padre es *autoritario*. Usó la recompensa y el castigo para controlarlo. Por lo general, la recompensa era bastante escasa y no sucedía con tanta frecuencia. Pero el castigo era duro, rápido y predecible, como un reloj. Si usted hacía una pequeña cosa mal o no lo suficientemente rápido, era golpeado. Si lo avergonzaba, de cualquier forma estaría terminado.

> *Si usted hacía una pequeña cosa mal o no lo suficientemente rápido, era golpeado. Si lo avergonzaba, de cualquier forma estaría terminado.*

Como era un niño y él era mayor y más corpulento, se veía a sí mismo mejor que usted. Pero eso no es cierto. Los padres no son mejores que sus hijos. Todos somos iguales a los ojos de Dios todopoderoso. Simplemente jugamos diversos roles y tenemos diferentes responsabilidades.

Los padres autoritarios tienen una mentalidad tipo «es mejor que hagas lo que te digo y que lo hagas rápido». Este estilo funcionó a corto plazo, cuando podían controlarlo a usted físicamente y hacerle ir a su habitación. Pero tan pronto como llegó a la adolescencia, tuvo sus propios pensamientos sobre lo que quería hacer. Todo lo que tenía que hacer era volar por debajo del radar del autoritario y se saldría con la suya. Aprendió a ser astuto.

Ya cuando ingresó a la escuela secundaria, llevaba la rebelión por dentro.

O tal vez, como tenía sus propios medios, dejó la precaución y se arriesgó. ¿Qué podría hacerle ahora, cuando usted podía escaparse antes de que él llegara a su hogar y pasar la noche en casa de un amigo? Todo lo que tenía que hacer era graduarse y luego podría mudarse. Entonces nadie podría volver a decirle qué hacer. Contaba los días o los años, hasta que estuviera libre.

Estilo de crianza # 2: «Solo quiero que seas feliz».

¿Le suena familiar alguna de las siguientes frases?

- «Cuando eres feliz, yo soy feliz».
- «Estoy más que dispuesto a ayudarte, de cualquier manera que pueda a hacerlo».
- «No te preocupes por eso. Me encargaré de ello».
- «Eres el mejor chico de todos».
- «A ese profesor pareces no gustarle. Tendré que hablar con él al respecto».
- «No puedo creer que alguien te haya hecho eso. Cómo se atreve».

72

- «¿Qué quieres hacer? Haré cualquier cosa que quieras».
- «Ah, ¿ese ensayo debe entregarse mañana? Te ayudaré con eso».
- «¿Qué tu mejor amigo ya no te quiere? No te preocupes. Encontrarás uno nuevo. Te ayudaré».

Si esas palabras salieron de la boca de uno de sus padres, probablemente fue la de su mamá. Eso se debe a que hay más mujeres complacientes, mientras que más hombres son controladores. Como dije una vez en la estación televisiva Christian Broadcasting Network: «Hay nueve machos complacientes en los Estados Unidos continentales. ¡Sin embargo, no publicaremos sus nombres ni sus direcciones!».[4]

Los padres que solo quieren que sus hijos sean felices, son permisivos. Sacrificarían cualquier cosa por ellos y actúan más como sirvientes que como padres. Si su madre era así, lo criaron con lo que yo llamo «experiencia disneylandia». Usted era el centro del universo de su familia. Cualquier cosa que quisiera, mamá trataba de conseguírselo. Cualquier cosa que quisiera hacer, ella movía los hilos para complacerlo. La gente la veía como una pequeña princesa y es posible que también haya actuado un poco así. O lo llamaban, a sus espaldas, hijo de mamá.

> *Usted era el centro del universo de su familia. Cualquier cosa que quisiera, mamá trataba de conseguírselo. Cualquier cosa que quisiera hacer, ella movía los hilos para complacerlo.*

El problema es que cuando usted tuvo que comenzar a tomar decisiones por sí mismo, no contaba con la seguridad suficiente para hacerlo. Las opciones eran paralizantes. No tenía ninguna experiencia en la toma de decisiones, porque sus padres las hacían por usted. Ella no quería que usted se preocupara, se molestara ni se estresara, por lo que manejó todas las situaciones que surgían. Pero ahora usted padece todas esas cosas porque ella le robó las experiencias de aprendizaje. A usted le resulta difícil tomar decisiones, o las que toma no son muy buenas y usted se sorprende por las consecuencias. Después de todo, mamá le rescató por años, sin importar qué pasara. Pero en su vida adulta, descubrió que hay algunas cosas de las que mamá no puede rescatarle.

Aunque usted pensaba que su madre estaba siendo amable o que era temerosa, la realidad es que ella era tan controladora como su padre, solo que en dirección opuesta.

Por qué ambos estilos de crianza instigan el mal comportamiento

Los padres autoritarios y permisivos pueden parecer polos opuestos, aun cuando usan una técnica similar. Ambos toman decisiones por sus hijos en lugar de enseñarles cómo tomar las más sabias y encaminadas por ellos mismos. Uno de los padres lo hace con un garrote fuerte y el otro con una pluma, pero el resultado es el mismo. Ambos extremos privan a los niños del respeto propio que obtienen al tomar decisiones apropiadas para su edad y aprender de sus errores.

Ambos extremos privan a los niños del respeto propio que obtienen al tomar decisiones apropiadas para su edad y aprender de sus errores.

Los estilos de crianza autoritarios y permisivos también provocan mal comportamiento. Véalo de esta manera. ¿Le gustaba cuando sus padres tomaban decisiones por usted? No. Puede que haya tenido pensamientos como los siguientes:

- No soy tan tonto. ¿Quién se cree que soy, de todos modos?
- Sería bueno si confiaran en mí, aunque solo fuera una vez.
- ¿Realmente piensan que no puedo resolver esto por mí mismo?
- Dame un respiro. Tengo trece años. ¿Y ella piensa que no puedo elegir mis propios *jeans*?
- ¿Quién se cree que es... Dios?

- ¿Por qué tuvo que hablar con mi maestra? Es muy vergonzoso. Podría haberlo manejado yo mismo.
- ¿Por qué no puede escuchar mi versión de la historia?
- Ya no soy un bebé, pero ella me trata como si lo fuera.

Si no se atrevió a mostrarle a su padre lo que en verdad pensaba, seguro que lo hizo en su mente. Cuando pudo expresar su rebeldía y escapar de su alcance, lo hizo.

Como su madre tomaba demasiadas decisiones por usted, usted también se rebeló al tratarla como una esclava en su propia casa. Después de todo, ella lo hacía por usted, ¿verdad? ¿Incluso a espaldas de su padre? Como ella quiso hacer todo en la vida por usted, usted perdió el respeto por ella.

Ahora, déjeme preguntarle algo: ¿por cuál de los dos estilos de paternidad se inclina más en su propia paternidad? ¿«Es a mi manera» o «Solo quiero que seas feliz»?

Si ambos cónyuges están unidos en este trayecto de la crianza, es muy probable que haya un padre de cada tipo en el hogar. Eso se debe a que los polos opuestos se atraen y los controladores, a menudo, se sienten atraídos por los complacientes «solo quiero que seas feliz» y viceversa.

Esto es especialmente cierto si un niño crece en una casa con una madre complaciente y una niña crece en una casa con un padre controlador. Para el chico, esa versión de mujer es con la que se siente más cómodo y es la que persigue. Lo mismo para la chica y su padre. Puede que tenga resentimiento hacia su padre controlador, pero buscará a alguien similar a él porque sabe cómo tratarlo para obtener las respuestas deseadas. Por eso el ciclo continúa. Para ambos, es como usar las zapatillas viejas a las que ambos están acostumbrados y acomodarse en esa butaca desgastada. *Ah...*

Sin embargo, hay una mejor manera para usted y sus hijos: un estilo de crianza que puede mantenerse constante incluso ante los vientos huracanados de su hijo. No eleva la presión arterial. Y por lo general funciona.

La única forma de criar a un niño

Por qué ejercer una autoridad saludable sobre su hijo es la mejor manera de hacerlo volar.

Una tarde, después que hablé en una gran ciudad, una madre con apariencia de cansancio se me acercó.

—Doctor Leman, he leído varios de sus libros, incluidos *Cría hijos sensatos sin perder la cabeza* y *El nuevo libro sobre la teoría del orden de nacimiento*. Realmente me gustan, pero... —y bajó la mirada—. No me han dado buen resultado, porque soy una madre que comparte el transporte de los hijos con otras.

Estuve a punto de preguntarle: «¿Y qué padre no lo es en estos días?», pero ella se apresuró a explicarme.

—A mi hijo de diez años le cuesta mucho levantarse de la cama. Cuando finalmente logro levantarlo, los mayores están parados en la puerta, enojados porque tienen que esperar a que él se arregle. Como recogemos a los otros niños, todos llegan tarde a la escuela. Mis hijos están enojados conmigo y avergonzados. Los otros niños están molestos. Y las otras mamás se preocupan cuando sus hijos les cuentan lo que pasa.

»Esta es la tercera semana que ocurre, y me preocupa que no continúen con el transporte compartido. Debo trabajar tres días a la semana, así que no tengo forma de llevar a los niños a la escuela todos los días».

—Que no continúen con usted y el transporte compartido debería ser la menor de sus preocupaciones —le dije—. Lo más importante es abordar la mala conducta de su hijo.

—¿Mala conducta? —ella arqueó una ceja—. Amanece cansado. Le está costando adaptarse al horario escolar.

—Él tiene diez años. Ya conoce las reglas de la escuela. ¿Estaría dispuesta a dejarlo en casa y llevar a los otros niños a la escuela?

—Ah, no podría hacer eso —dijo.

Ese chico estaba manipulando a su mamá porque sabía cómo hacerlo. Y esa madre permisiva le permitía mover los hilos y controlar toda la casa desde su cama. Entonces le di algunos consejos basados en un tercer estilo de crianza: *la crianza autoritaria.*

—A veces debe quitarle el apoyo y dejar que su hijo se porte mal si quiere que las cosas cambien —le dije—. En este caso, las palabras no lograrán nada. Es hora de actuar.

> *A veces debe quitarle el apoyo y dejar que su hijo se porte mal si quiere que las cosas cambien.*

Le sugerí que, la mañana siguiente, dejara al dormilón de diez años y que llevara a los otros niños para que llegaran a la escuela a tiempo. Al final, esa madre estaba tan desesperada con la idea, que las otras madres del viaje compartido le dieron un ultimátum: llevar a los niños a la escuela a tiempo o no seguir usando el transporte compartido.

Más tarde me informó lo que había sucedido cuando siguió mi consejo.

Aquí viene la parte más divertida. Cuando se detuvo en su casa después de llevar a los otros niños a la escuela, ¿adivine dónde estaba parado el chico de diez años? ¿Al que nunca le había preocupado el tiempo en toda su vida? Justo en la orilla de su cochera.

Cuando ella abrió la puerta del auto, él voló hacia ella.

—Mamá, ¿sabes qué hora es?

Ella miró su reloj.

—Sí, son casi las nueve y diez minutos.

—Se supone que debo estar en la escuela a las ocho y media — dijo.

—Ah, cariño, ¿te gustaría ir a la escuela? —le preguntó ella tiernamente—. Me encantaría llevarte.

Su hijo, ya vestido y con su mochila, se subió al auto. Todavía enojado como un avispón, continuó tratando de pelear con ella.

Ella no le dijo: «Te dije que, si no estabas listo, sucedería esto». Esto se debe a que el padre que tiene una autoridad saludable sobre su hijo no amenaza: «Si no haces eso, voy a hacer esto».

A pesar de que él trató de pelear con ella en todo el trayecto a la escuela, ella mantuvo una cara feliz. Cuando él salió del auto, ella incluso le dijo: «Que tengas un buen día» y sonrió.

Lo que le sucedió después no fue tan feliz. Dio un portazo y entró a su salón de clases, y en diez minutos hubo un anuncio por el altavoz.

«Timothy Adams, por favor, repórtese a la oficina. Timothy Adams...».

> *El padre que tiene una autoridad saludable sobre su hijo no amenaza: «Si no haces eso, voy a hacer esto».*

¿Qué quieren conmigo? pensó, asustado, de camino a la oficina del subdirector.

Había una larga fila de personas esperando, por lo que tenía que preocuparse aún más. Por fin, el subdirector lo hizo pasar a su oficina.

«Timothy, ¿a qué hora comienza la escuela?».

El chico se enderezó en una postura de soldado. «Este... a las ocho y media, señor».

«¿A qué hora llegaste aquí?», preguntó el sargento asistente de instrucción.

Soldado: «Este... a las nueve y cuarenta y cinco».

Sargento asistente de instrucción: «¿A qué hora vas a estar aquí mañana?»

Soldado: «A las ocho y treinta, señor».

Fin del problema.

Como ve, lo que ese niño no sabía es que yo también animé a su madre a hacer algo más para resolver el problema: «Después que deje al muchacho en su lugar habitual, estaciónese y vaya a la oficina de la escuela. Hable con ellos y les dice lo que está tratando de lograr. Consiga el apoyo de ellos, que estarán más que felices de complacerla. Ellos tampoco quieren a un chico que siempre llegue tarde».

Verá, a veces tiene que trabajar duro para obtener lo que hará un efecto tal en la mente de su hijo que lo haga cambiar su comportamiento. Ya ha probado múltiples estrategias para padres, incluida la de ser autoritario y permisivo, así como los consejos que ha obtenido en línea o en otros libros. Usted sabe que ninguna de esas cosas funciona.

Es hora de probar algo que lo haga.

La crianza que funciona

Para que usted tenga una autoridad saludable con su hijo, debe ser el defensor que modele la responsabilidad y la buena toma de decisiones. Cada persona es responsable de sus propias elecciones y acciones. Cuando su hijo falla, y lo hará, el mundo no termina para él ni para usted. Al contrario, el muchacho se aleja de su mal comportamiento con una lección de vida que no olvidará fácilmente.

Este tipo de estilo de crianza se llama *autoritario*.

Un padre autoritario no ordena ni sermonea. Cuando su hijo comete un error, no dice: «Eres un idiota. Si un pájaro tuviera tu cerebro, volaría de lado». Cuando su hijo se porta mal, no lo castiga hasta que sea un adolescente. Él sabe que él también es un ser humano falible. Todos cometemos errores, tenemos días malos y nos sentimos malhumorados o molestos de vez en cuando.

Cuando su hijo está molesto, una madre con autoridad no intenta arreglar lo que sucedió. Cuando una chica lucha, no le allana el camino.

En vez de eso, escucha, deja que su hija piense en varias soluciones, resuelva su propio problema y observa desde la barrera.

Si usted es un padre con autoridad, busque lo que yo llamo «momentos aleccionadores». En vez de rescatar a su hijo de las consecuencias de su mal comportamiento, permita que la realidad le enseñe:

- Usted establece límites para mantener a su hijo seguro.
- Permite que tome decisiones apropiadas para su edad con el fin de que aprenda a hacerlo.
- Permite que experimente las consecuencias de la vida real en lugar de vivir en un mundo de sueños falsamente construido.
- Usted le brinda oportunidades para que se haga responsable.
- Lo escucha y lo apoya, pero no hace por él lo que él debe hacer por sí mismo.
- Le permite tomar decisiones erradas y apreciar los resultados de la mala conducta dentro de los amorosos límites de su hogar.

Créame, el niño sabe cuándo se ha equivocado. No necesita que le froten la nariz. También sabe cuándo se está portando mal y cuándo se sale con la suya. Con todo ese mal comportamiento lo que hace es pedir la atención de usted. Él quiere que se preocupe lo suficiente como para detenerlo, pero no sabe cómo decírselo.

La forma en que lidia con las cosas y su actitud tienen mucho que ver con si su hijo detiene ese mal comportamiento o lo acelera. También inciden mucho en si su hijo toma toda esa energía extra que dedica a portarse mal y la convierte en un llamado de atención positivo.

Repetición: diversas opciones, diferentes resultados

¿Recuerda esos escenarios del capítulo anterior? Reproduzcamos cada uno de ellos, ahora que sabe lo que piensan sus hijos y cómo le manipulan a usted.

¿Quiere que sus hijos hablen con usted? Pruebe lo siguiente.

Si quiere que sus hijos hablen con usted, no les haga preguntas. Los chicos y los esposos tienen mucho en común, ambos detestan las preguntas. Los esposos no cometen la desfachatez de decirles a sus esposas cuánto aborrecen la expresión *por qué*. ¿Y los chicos? Los niños gruñirán una respuesta sin sentido, las niñas mostrarán una dramática mirada y ambos se concentrarán nuevamente en sus iPhones, en tres segundos.

«Pero doctor Leman, creo que es muy importante preguntarle a mi hijo cómo estuvo su día cuando llega a casa de la escuela», dice usted.

, Bien, repitamos ese espectáculo habitual.

Usted: «¿Cómo estuvo tu día?».

Su hijo: «Bien».

Usted: «¿Qué hiciste?».

Su hijo: «Nada».

Fin de la conversación.

¿No fue muy estimulante? Usted se frustra y él se va a su habitación a enviar mensajes de texto a sus amigos como un pájaro carpintero con un mal caso de trastorno por déficit de atención e hiperactividad. El portazo fue su señal sistemática de excluirle de su vida.

¿Por qué? Piénselo. ¿Quiere que le hagan preguntas justo cuando llegue a casa del trabajo o regrese de una salida nocturna con unos amigos? Tampoco él.

«Si no hago preguntas, nunca descubriré nada de lo que sucede en la vida de mi hijo», dice usted.

Eso no es cierto. Los chicos, incluso las alienígenas criaturas como los adolescentes, en realidad quieren sentirse incluidos y comprendidos por su familia. Anhelan el amor incondicional. Desean ser valorados, respetados y tomados en serio. Intentar extraer información a través del interrogatorio no es respetuoso. Decir cosas como: «Tenemos que hablar» es una técnica férrea para garantizar una boca cerrada (insisto, parecido a lo que pasa con los maridos). Las conferencias y los recordatorios para padres caen en oídos sordos porque los niños se vuelven sordos.

Entonces, ¿cómo hacer que sus hijos hablen? Pruebe estas tres estrategias ganadoras.

Ofrezca declaraciones breves.

Su hija de trece años se ve llorosa después de la escuela. Su instinto de mamá osa emerge. *¿Quién se atrevería a lastimar a mi cachorrita?* Usted trata de disimular su reacción negativa y dice en voz baja: «Puedo decir que tuviste un día difícil. Si quieres hablar de eso, y cuando lo desees, soy toda oídos».

No la presione ni la persiga cuando deje caer su mochila en el suelo de la cocina y se vaya sola a su habitación. Usted la invitó a que le contara *cuando ella lo crea conveniente* y, ahora, espérela. Créame, cuando no sienta presión, *ella* empezará a hablar... en el momento que quiera. Cuando lo haga, usted aprenderá sobre ella, su mundo y su estrés mucho más de lo que ha soñado.

Diga: «Cuéntame más sobre eso».

Los niños pueden ser ilógicos, creativos y tan tontos como el barro. Pero cuando le lanzan una bola curva, no tiene que reaccionar con sus emociones. Puede elegir su *respuesta*. La simple frase «Cuéntame más sobre eso» es un gran abridor de puertas.

Su hijo de nueve años anuncia: «Quiero ir a vivir con papá». Eso es imposible porque su ex ahora vive en América del Sur, y hay muchas cosas que podría alegar sobre esa idea. Sin embargo, usted dice: «Apuesto a que extrañas a tu papá. Cuéntame más sobre eso». Entonces descubre que el «Día de llevar a papá a la escuela» es la próxima semana, y su hijo no quería decírselo porque sabía que eso la iba a hacer sentir mal.

Su hija de quince años avisa, en la cena, que irá a un concierto pop en otro estado. Usted termina de comerse el puré de papas con la frase «¿Qué demonios estás pensando?», arenga que emerge al instante en su cabeza.

Sin embargo, usted dice: «Realmente te debe gustar mucho ese grupo. ¿Tienes una canción suya en tu lista de reproducción de iTunes que pueda escuchar alguna vez?».

Usted conoce no solo sobre sus gustos musicales actuales, sino también sobre sus amigos, la presión de sus compañeros y mucho más en las próximas veinticuatro horas, antes de que su mejor amiga decida que ya no lo son más y el evento se cancele.

Pida sus opiniones.

Pedir una opinión no es lo mismo que hacer preguntas. A todos les encanta opinar. Sin embargo, la mayoría de las familias tienen un primogénito alfa que sobresale en casi todas las áreas y domina al grupo de hermanos.

Decirle al niño que crece a la sombra de su hermano mayor: «Me encantaría saber lo que piensas», es como si él se ganara la lotería.

Así que aparte a ese chico y dígale: «¿Puedo pedir tu opinión sobre algo?». «Claro, papá, ¿qué?».

«¿Somos tu hermana o yo un poco exagerados?».

Guau, alguien sabe cómo me siento y a qué me enfrento todos los días, piensa su niño asombrado. De repente, el chico de catorce años que suele ser más mudo que una esfinge egipcia habla sin detenerse.

Todos quieren sentirse valorados, ser respetados y contribuir a la familia. Si desea que su hija hable, invítela con declaraciones breves, dígale: «Cuéntame más» y solicite su opinión. Tendrá una conversación bidireccional tan estimulante que ni siquiera extrañará los viejos gruñidos, las miradas resentidas y los malos comportamientos anteriores.

Escenario # 1

Su hijo de nueve años quiere estar en las pequeñas ligas este verano. Usted está de acuerdo, pero su marido no. Su hijo se pone nervioso y se niega a cenar.

LO QUE HARÍA EL PADRE AUTORITARIO

«Tú *no* juegas eso. No eres lo suficientemente bueno para que gastemos el dinero. Fin de la historia. Terminemos con esto. Si no vas a comer, puedes abandonar la mesa. Ya he tenido suficiente con esto».

Y se aleja, dejando a su hijo frustrado.

LO QUE HARÍA EL PADRE PERMISIVO

La madre seguiría al niño al abandonar la mesa. «Cariño, no te enfades. Creo que jugar béisbol es una gran idea. Apuesto a que serías muy bueno en eso. Quizás incluso el mejor del equipo. Deja que a papá se le pase, ¿de acuerdo? Iré contigo mañana y te inscribiré».

Para hacer la situación aún más dañina, ella podría agregar: «Y mantengamos esto entre nosotros. Puedo usar algo de dinero que he reservado, de modo que tus prácticas sean durante el día; cuando tu papá esté en el trabajo, por lo que realmente no lo sabrá. Una vez que te vea practicando en el patio y se dé cuenta de lo bueno que eres, podremos decirle lo que estás haciendo y, entonces, él estará de acuerdo con eso».

Si el padre permisivo es duro, ella le suplicará a su hijo: «Por favor, vuelve y cena». Si él se niega y se dirige a su habitación, ella lo seguirá y le susurrará: «Te traeré algo más tarde, cuando tu padre se vaya a su reunión».

LO QUE HARÍA EL PADRE AUTORITARIO

Usted deja que el niño vaya a su habitación después de ajustar los puntos. Usted y su cónyuge continúan cenando, un poco más tranquilos ahora, y discuten los próximos pasos a dar. Cuando terminan de cenar, ya tiene un plan con el que ambos acuerdan.

La única forma de criar a un niño

Usted no le lleva cena a su hijo. Él se queda en su habitación, donde pasa la noche molesto. Al día siguiente se acerca al progenitor que cree que será más fácil de manipular con sus deseos. Por lo general es la mamá. (¿Recuerda lo que dije acerca de que las mujeres son el porcentaje más alto de personas complacientes?) Pero, en esta ocasión, mamá es sabia con sus tácticas. Ella le da la pauta acordada cuando él le ruega nuevamente que quiere ingresar a la pequeña liga.

—Me alegra que estés interesado en un deporte como el béisbol. Este verano sería bueno hacer un experimento. Hay un grupo de niños que se reúnen tres veces por semana a última hora de la tarde en un parque cercano. Puedo hacer espacio en mi agenda para llevarte allí.

> *En esta ocasión, mamá es sabia con sus tácticas. Ella le da la pauta acordada.*

—Pero quiero jugar a las pequeñas ligas —replica—. Todos mis amigos lo están haciendo.

—Entiendo. Pero no lo haremos este verano. Puedes jugar béisbol con ellos en otras ocasiones, pero no como parte de las pequeñas ligas.

Ya usted sabe que los intereses de su hijo cambian como el viento. Después de un par de prácticas, se iba a cansar de las pequeñas ligas.

Aun así, su hijo inicia el festival de los quejidos.

—Pero ¿por qué, mamá?

Aquí está el momento aleccionador.

—Porque la escena que causaste en la cena nos demostró que no eres lo suficientemente maduro como para lidiar con un deporte como ese de manera periódica.

Luego se va de la habitación y deja que su hijo piense en eso por un rato.

La próxima vez que quiera hacer algo como lo de participar en las pequeñas ligas, o cualquier otra cosa, pensará mucho más sobre su enfoque. Y dado que los ha visto a ustedes dos como una fuerza unida, no será tan rápido para enfrentarse a ustedes la próxima vez.

85

Escenario # 2

La hora de acostarse sus hijos de catorce y dieciséis años de edad es a las diez y treinta, pero no quieren acostarse. Quieren ver una película, así que hacen planes juntos.

Lo que haría el padre autoritario

«No. Dije que no y es no. No debería tener que repetirlo. Se van a su habitación y se quedan ahí. Y no intenten ningún truco o no verán otra película durante un año».

Lo que haría el padre permisivo

«Por supuesto que pueden quedarse despiertos y ver una película. Es bueno que pasen tiempo con sus hermanos. Pero no se levanten malhumorados mañana cuando vean a su padre o él los regañará por quedarse despiertos hasta tarde».

Si el padre permisivo quiere exagerar su permiso, agregará: «¿Qué película quieren ver? He estado pensando en obtener una membresía de Netflix. Supongo que hoy es una buena noche para comenzar. Incluso puedo ir rápido a la tienda a comprar bocadillos».

El problema es que es una noche de semana y al otro día hay escuela, y ese comportamiento permisivo no ayudará a esos chicos a prestar atención en la escuela mañana. Tampoco los ayudará a aprender una lección llamada paciencia. Las cosas buenas les llegan a aquellos que saben esperar.

Lo que haría el padre autoritario

Dado que la responsabilidad de enseñar es una parte decisiva de la buena crianza de los hijos, usted tiene un par de opciones sobre cómo proceder.

Opción # 1: «Entiendo que quieren ver un video esta noche, pero mañana hay escuela. El viernes o el sábado es una opción mucho mejor.

Incluso podemos hacer algunas palomitas de maíz caseras. Sin embargo, ahora, es tiempo de retirarse a sus habitaciones. Ya sea que elijan ir a dormir o no, eso es asunto de ustedes. Pero todos necesitamos este tiempo en nuestras habitaciones».

> *Deje que los dos mayores desarrollen su esquema y hágase el tonto.*

Opción # 2: Deje que los dos mayores desarrollen su esquema y hágase el tonto para que dejen fuera al inocente más joven. Retírese a su habitación a la hora habitual, deje que se escapen y miren la película en su sala de estar.

A la mañana siguiente, sonría discretamente viendo sus ojeras e ignore sus bostezos. Cuando regresen cansados después de la escuela y quieran una siesta, en lugar de su merienda habitual, puede sonreír de nuevo. Apuesto a que los chicos se acostarán temprano esa noche.

Es probable que pase un tiempo antes de que pidan ver una película en días de escuela. Y usted, ni siquiera, tuvo que decir nada.

Mire lo inteligente que es como padre.

Escenario # 3

Su hijo de doce años detesta hacer sus quehaceres, en particular, sacar la basura. Oportunamente lo olvida, lo pospone por un tiempo o se queja de hacerlo.

LO QUE HARÍA EL PADRE AUTORITARIO

«Si no haces tus quehaceres, estarás castigado de por vida».

O: «Algo apesta por aquí y no es solo tu actitud. Ocúpate de hacer tu trabajo. No más perdedera de tiempo, ni quejas. Ya es hora de que hagas tu parte del trabajo aquí».

O: «Tu *madre* tuvo que sacar la basura hoy. Lo olvidas una vez más y te vas a arrepentir».

Lo que haría el padre permisivo

«Está bien. A todo el mundo se le olvidan las cosas. Sé que estás ocupado con la escuela y otros asuntos. No es problema. No importa, yo sacaré la basura».

Lo que haría el padre autoritario

La basura es su responsabilidad, no la de usted. Cuando empiece a heder en la cocina, lleve ese recipiente directamente a su habitación. Cierre la puerta para que, cuando regrese de la escuela, esté completamente aromatizado.

Cuando él abra la puerta de su habitación, se sorprenderá y volverá como un rayo a la cocina.

—¿Qué pasa con la basura que está en mi habitación?

Usted se encoge de hombros y responde:

—Ah, estaba un poco maloliente aquí en la cocina.

—Pero ¿por qué lo metiste en mi habitación? —pregunta enojado—. ¿Estás loco?

> *La basura es su responsabilidad, no la de usted. Cuando empiece a heder en la cocina, lleve ese recipiente directamente a su habitación.*

Responda con calma:

—Esa es tu responsabilidad, por lo que estará en tu habitación hasta que hagas tu trabajo.

Fin del tema. Y usted se ocupa en otra cosa.

Además de proporcionar un momento aleccionador para su hijo, obtiene una bonificación. Además de sacar la basura, su hijo limpiará su habitación ya que —realmente— apesta.

La crianza autoritaria es beneficiosa para todos, ¿no le parece?

Escenario # 4

Su hija de dieciséis años ha tenido un mal día en la escuela. Su mejor amiga la traicionó, y luego una maestra le llamó la atención por su escritura en un examen. Ella quiere desquitarse con alguien, pero si actúa mal en la escuela, obtendrá una reputación que no quiere. Tiene que pelear con alguien para desahogarse, así que se desquita en el instante en que entra por la puerta.

LO QUE HARÍA EL PADRE AUTORITARIO

«¿Qué sucede contigo?».

O: «¿Por qué estás peleando conmigo? Soy tu padre».

O: «Ve a tu habitación hasta que tu actitud mejore».

O: «Intente esto de nuevo, señorita, y estará en un gran problema».

LO QUE HARÍA EL PADRE PERMISIVO

«Oh, cariño, ¿qué pasa? ¿Puedo ayudar?».

O: «¿Tuviste un mal día? ¿Alguien te lastimó? Si alguien lo hizo, lo lastimaré...».

Entonces el padre permisivo procede a seguir a su hija enojada por el pasillo para tratar de ayudarla y queda atrapado en el mal humor de su adolescente.

LO QUE HARÍA EL PADRE AUTORITARIO

«Puedo ver que has tenido un día difícil. Cuando tengas ganas de hablar de eso, soy todo oídos. Solo búscame».

Luego sale de la habitación a un lugar más tranquilo.

Ya ve, no hay pelea si no se involucra. Pelear es cooperar con el mal comportamiento de su adolescente.

Créame, esa chica hablará cuando lo desee, pero mientras tanto usted no será su pera de boxeo para que ella desahogue sus emociones más intensas. Así que dele tiempo para que se caldeen los ánimos, comience a pensar más racionalmente sobre lo que sucedió ese día y tal vez, incluso, tome un refrigerio. No hay nada mejor como la comida para calmar a la bestia, su adolescente.

Hay una línea muy delgada entre criar demasiado y criar muy poco. Ambas cosas eliminan el potencial de los momentos aleccionadores en los que su hijo puede aprender a tomar buenas decisiones, ser responsable de sus acciones y contribuir a su familia. Después de todo, su objetivo final es criar a un adulto equilibrado y progresista que le ame y le respete, sea amable y generoso, se preocupe por los demás (incluidos sus hermanos), respete la autoridad, ejerza su influencia en el trabajo y contribuya de manera beneficiosa para hacer de este planeta un mejor lugar para vivir.

Puede llegar ahí. Solo siga leyendo.

Adopte la perspectiva de su hijo

*Cuál es el lema de vida de su hijo, cómo lo
desarrolló y cómo afecta su comportamiento.*

—No sé qué más hacer —confesó Stephanie, que es madre de tres hijos, dos de ellos adolescentes—. Mis hijos siempre pelean, pero la que tiene quince años es la peor. Cada vez que interactuamos, pierdo. Contradice cualquier cosa que yo diga y me deja sin aliento. Cuando eso pasa, me alejo sintiéndome como una mala madre. No sé qué hacer. Ella actúa tanto como... como...».

—Déjeme adivinar —dije cuando ella luchaba por encontrar las palabras—. ¿Actúa como usted?

Si usted es padre o madre de un adolescente, acepte que será un barco que va a recorrer mares agitados por un tiempo; así que cierre las escotillas contra los fuertes vientos que inevitablemente soplarán. Y si tiene más de un adolescente a la vez, que el cielo le ayude.

Sin embargo, conocer un pequeño secreto ayuda: el chico con el que es más probable que usted tenga choques es el que más se parece a usted, y ese choque tiene mucho que ver con el orden de nacimiento.

91

¿Qué tan bien conoce a su hijo o hija? ¿Qué piensa ella? ¿Cómo se siente él? ¿Qué le molesta a él? ¿Qué resiente ella de usted? ¿Qué lo motiva? Para saber por qué su hijo se está portando mal, tiene que ponerse en su lugar para ver cómo piensa, siente y percibe los acontecimientos que le suceden a él y al mundo en general. Entender algunos conceptos básicos sobre el orden de nacimiento, el lema de vida que ayuda a formar y cómo se traduce eso en un estilo de vida —incluidas las malas conductas— es un buen comienzo.

Principios básicos del orden de nacimiento

Comprender cuán diferente es la experiencia del orden de nacimiento es una clave fundamental para criar a cada uno de sus hijos de la manera más adecuada para ellos y para responder en forma beneficiosa y duradera a sus malos comportamientos individuales.

Los primogénitos: las deslumbrantes estrellas de la familia

Usted fue la afortunada receptora de *toda* la atención de sus padres por un tiempo. Ser el conejillo de indias de la familia en cuanto a las técnicas de crianza de mamá y papá tenía sus ventajas y sus desventajas. El universo giraba alrededor de usted. Usted fue la primera en hacer todo: caminar, ir al baño sola, comer suciedad, obtener su primer grado, usar un sostén y pasar por las clases de manejo.

> *El universo giraba alrededor de usted.*

Todo lo que usted hizo —correcto o incorrecto— era más intenso; por lo que se convirtió en triunfadora, líder y perfeccionista. Debido a que el ojo crítico de sus padres fue entrenado con usted, usted es dura con los demás pero lo es aún más consigo misma. Usted es lógica y bien organizada, tiene un fuerte sentido de la justicia y toma la vida con seriedad.

Los libros se convirtieron en sus mejores amigos, porque no tuvo hermanos por un tiempo y solo interactuaba con adultos. Entonces llegaron esas cosas llamadas *hermanos* y fue considerada responsable del mal comportamiento de ellos: «Eres la mayor. Deberías saber lo que es mejor». Con todas las expectativas de los padres sobre usted, no es de extrañar que usted sea una perfeccionista.

¿Cuál termina siendo su lema de vida? «Únicamente valgo si no solo hago las cosas bien, sino que las hago perfectas».

Usted es alérgica al fracaso.

Los hijos únicos: naves espaciales preparadas para despegar

Si usted es hijo único, agarre todas las cualidades de un primogénito y multiplíquelas por tres. Ese es usted. Todo lo que un primogénito es pero con dosis adicionales de automotivación, estrés y alto rendimiento.

> Usted es triplemente alérgico al fracaso.

Usted piensa en blanco y negro, usa palabras como *siempre* y *nunca* profusamente, y se eleva —por lo general— el nivel de exigencia a usted mismo. Nada es lo suficientemente bueno o perfecto. Podría hacerlo mejor. Incluso la idea de fallar en algo desencadena su estrés. Usted es triplemente alérgico al fracaso.

¿Cuál termina siendo su lema de vida? «Solo valgo si soy perfecto».

Los nacidos en el medio: diplomáticos en ciernes

Usted es más inteligente que lo que sus padres creen. Le echa un vistazo a su hermano o hermana mayor y decide: *De ninguna manera puedo competir con eso.*

Entonces se va en la dirección opuesta. Se vuelve independiente, reservado y decide que es mejor si no expresa lo que realmente piensa. Estrujado entre la estrella primogénita y el bebé gracioso, media tanto entre las dos partes beligerantes como el diplomático familiar que aprende a retirarse a la primera señal de una pelea en gestación.

Para no provocar peleas, evita los conflictos y los compromisos, en aras de que los caminos de su vida sean fáciles. A menudo es escurridizo en sus respuestas: «Ya veremos…», en vez de decir sí o no.

Debido a que es el menos probable que notarán que desaparece de la mesa de comer, realmente se sorprende cuando alguien de su familia le presta atención. Por eso se especializó en desarrollar su red de amigos, por lo que es muy leal.

> *Para no provocar peleas, evita los conflictos y los compromisos.*

¿Cuál termina siendo su lema de vida? «Solo valgo si puedo mantener la paz y pasar inadvertido».

Los nacidos de último: maestros encantadores y manipuladores

Atractivo, impulsivo y afectuoso, ama a las personas, las actividades y las sorpresas. No solo se siente cómodo, sino que anhela estar en primer plano como el centro de atención. Después de todo, creció como el bebé, la niña de los ojos de mamá y papá. Usted era el animador, la fiesta por empezar, el que hacía reír a todos.

Sin embargo, a veces esquivaba la responsabilidad. Como era «lindo», sus hermanos a menudo eran culpados por lo que usted hacía puesto que eran mayores; ellos debían haber sabido más e impedir que usted se metiera en problemas.

No obstante, se vengaron de usted. Cuando sus hermanos querían algo de sus padres, lo usaban a usted como sacrificio simbólico. Después de todo, ¿quién podría decirle que no? Como el más joven, usted era el menos propenso a ser eliminado.

> *Usted es alérgico al trabajo. Es mucho más fácil encantar a otra persona para que lo haga.*

¿Cuál termina siendo su lema de vida? «Solo valgo si me ven y puedo hacer reír a la gente».

Usted es alérgico al trabajo. Es mucho más fácil encantar a otra persona para que lo haga.

Crianza inteligente basada en el orden de nacimiento

Así como estas características probablemente son ciertas para usted (consulte *El nuevo libro sobre la teoría del orden de nacimiento* para obtener más detalles y razones para las variaciones), también lo son para su hijo, y ahí es donde ocurre el choque. No hay tal cosa como tratar a sus hijos por igual. Usted se va a identificar en exceso con el hijo o hija que tenga su mismo orden de nacimiento, ejerciendo demasiada presión sobre esa persona o favoreciéndola demasiado. Eso, en verdad, *provoca* mal comportamiento por parte de sus hijos. ¿Cómo se desarrolla esto en la vida real?

Tomemos el escenario número uno del que se quejan los padres en todo el mundo: los niños que pelean. ¿Cómo responde usted habitualmente? ¿Ha funcionado eso en los últimos quince años? Entonces, ¿por qué no probar estas estrategias?

Los primogénitos toman decisiones rápidas sobre quién tiene la culpa y nivelan los castigos inmediatos. Usted, o responsabiliza a su primogénita porque es la mayor y debería saber que eso no se hace (aunque odiaba cuando sus padres le decían lo mismo), o su ojo crítico se enfoca en el bebé, ya que su hermano pequeño se salía siempre con la suya. Salta a resolver conflictos porque le gusta ver los problemas definidos y resueltos, y porque su primogénito adolescente tiene el mismo modo de pensar en términos de blanco o negro y sentido de justicia, es comprensible que ustedes dos se enfrenten.

Sea adulto. Sea el primero en no participar en la pelea.

Los hijos únicos lanzan una línea infame: «¿No pueden llevarse bien?». Pero la competencia y la rivalidad entre hermanos son naturales y, francamente, tan inevitables como la muerte y los impuestos. Renuncie a ese ideal, manténgase alejado de las peleas y deje que luchen.

Los nacidos en el medio detestan la falta de armonía, por lo que intervienen para suavizar las cosas: «Ahora, chicos, ¿de qué se trata todo esto?», y salta a la defensa del nacido en el medio, ya que sabe lo que es estar atrapado en medio de un desastre que no creó. Pero no se involucre innecesariamente en las peleas de sus hijos. Percátese de que pelear es un acto *conjunto* (se necesitan dos o más) y deje que *ellos* resuelvan el problema. Anime a su hijo nacido en el medio a defenderse a sí mismo.

Los nacidos de último se precipitan como ángeles vengadores para defender a los más pequeños: «¿Por qué molestas a tu hermana? ¿Qué te hizo ella alguna vez?». Sí, usted se salió con la suya muchas veces, pero recuerde a sus hermanos golpeándole cuando mamá no estaba viendo. No cometa el error capital de los padres que eran los más pequeños de la familia: atacar a la primogénita porque es la mayor. Le garantizo que su pequeño angelito ayudó a alimentar ese conflicto y necesita una dosis generosa de responsabilidad.

Las peleas se esfuman cuando usted no lucha ni actúa como juez entre las dos partes.

Es sorprendente lo rápido que se esfuman las peleas cuando sus hijos no pueden llamar la atención de usted y usted no contraataca ni actúa como juez entre las dos partes.

La crianza de los hijos no es un deporte competitivo. Si alguien está «ganando» en su relación, ambos están perdiendo.

Cómo entrar en la cabeza de su hijo

«Mi hermana es mi mejor amiga y mi peor enemiga», me dijo Mona, de trece años de edad. «Cuando nadie entiende por qué estoy molesta, ella entiende. No tengo que explicarlo. Pero realmente detesto la forma en que se mete en mis asuntos, diciéndome qué hacer y cómo debería sentirme. Solo tiene dos años más que yo, pero actúa como una princesa aspirante a sabelotodo. Peor aún, mis padres le dan de todo. A veces ella es demasiado… perfecta».

«Podría ser peor», dije. «Podrías estar atrapada entre esa hermana perfecta y un pequeño hermano presumido que todo el tiempo se sale con la suya».

Sin embargo, sabía exactamente cómo se sentía, porque yo tenía dos hermanos mayores perfeccionistas. Mi hermana con notas sobresalientes siempre tenía todo preparado y organizado; y a mi hermano, el capitán del equipo de fútbol, lo consideraban perfecto. Luego estaba yo, ese hermano fanfarrón presumido. Nadie me tomaba en serio y todos me decían qué hacer.

Insisto, el mal comportamiento es *intencional*, hay una razón para ello. Ahora que entiendo algunos secretos sobre por qué las personas hacen lo que hacen, sé por qué cada uno de nosotros actuamos como lo hicimos.

El orden de nacimiento tiene un poderoso efecto sobre cómo lo ven sus hijos a usted, a sus hermanos y a ellos mismos; y cómo se relacionan entre sí. Si se pone en el lugar de su hijo para ver lo que *realmente* está pensando, puede detener el mal comportamiento antes de que comience y ponerse en el asiento del conductor para frenarlo.

Si se pone en el lugar de su hijo para ver lo que realmente está pensando, puede detener el mal comportamiento antes de que comience.

¿Quiere saber qué piensa su primogénito, su hijo único, su hijo del medio y su último hijo? Vamos a ver.

Lo *que su primogénita está, realmente, pensando…*

Es tan injusto. Si mi hermana pequeña hace algo mal, ¿por qué soy yo la que se mete en problemas? Si tuviera un dólar por cada vez que papá me dijo: «Tienes que ser un modelo a seguir», ya sería millonaria.

Siempre estoy bajo presión, porque mamá y papá me observan de cerca. Siento que si no soy la capitana del equipo de voleibol, seré un fracaso para ellos. Y si obtengo una B en lugar de una A, ¡mucho cuidado! El mundo se va a acabar.

A veces necesito espacio para mí misma, para procesar cosas o leer un libro o escuchar música, pero me interrumpen. Mi hermano pequeño y mi hermana no saben lo que significa una puerta cerrada, y se meten en mis cosas privadas y hacen un desastre. Cuando les digo que salgan y se mantengan lejos de mis cosas, van llorando a donde mamá y me meto en problemas por no ser más amable con ellos. Yo no juego con sus juguetes, entonces ¿por qué deberían ellos jugar con los míos y destruirlos?

También tengo quehaceres adicionales en la casa porque soy la mayor. Quiero decir, ¿por qué razón mi hermano pequeño no puede alimentar a nuestro perro? Él está en segundo grado. ¿Y por qué tengo que ser yo la que cuide a los niños cuando mamá y papá salen a cenar? ¿Especialmente cuando me echan a perder los planes que he hecho?

En mi casa, soy la encargada de la basura, la que no solo saca los desechos sino que hace todo lo que mi hermano y mi hermana no pueden hacer porque son más jóvenes.

En mi casa, soy la encargada de la basura, la que no solo saca los desechos sino que hace todo lo que mi hermano y mi hermana no pueden hacer porque son más jóvenes. ¿Alguien más puede ayudar aquí? Tengo suficiente estrés con mi trabajo escolar y trato de hacerlo bien, sin mencionar que trato de no ser devorada viva en la jungla de la escuela todos los días. ¿Y luego me castigan por tener una actitud? ¿Quién no tendría una actitud si lo trataran así?

LO QUE USTED PUEDE HACER POR SU PRIMOGÉNITA

Saber lo que piensa su primogénita puede hacer que su mal comportamiento sea menos «personal». Después de todo, si estuviera bajo todo ese estrés, ¿no perdería los estribos de vez en cuando y cerraría la puerta de su habitación o diría algo no muy cortés?

Una conversación útil para tener con su primogénita podría ser algo como esto: «Sé que vives con mucha presión como primogénita. Entre la escuela, todas tus actividades adicionales, tu molesto hermano y tu tediosa hermana, tienes mucho con lo cual lidiar».

Ya tiene su atención. Ella piensa lo siguiente: *Espera un minuto. ¿Papá sabe que tengo que lidiar mucho y que mis hermanos pueden ser una molestia?* De repente, sus oídos se abren para escuchar lo que usted tiene que decir.

Usted continúa. «También sé que tienes muchas tareas que hacer en la casa. He estado pensando en disminuir algunas de ellas a medida que tu trabajo escolar aumente, me gustaría escuchar tu opinión al respecto».

Sus oídos se abren más puesto que le pidió su opinión.

«Seré franco. Hay una razón por la que tienes tantas tareas en casa. Piénsalo de esta manera: si quisieras hacer algo, ¿llamarías a alguien que sabes que es responsable o a la persona que no puede encontrar sus zapatos en la mañana, como tu hermana? El hecho de que te asignamos la tarea y no te damos seguimiento es porque creemos en ti. Pero no creo que sea justo que tengas que asumir tantas responsabilidades, así que me gustaría que trabajes conmigo para enseñarles algunas de ellas a tu hermano y tu hermana. Si pudieras hacer una lista de tareas que creas que podrían hacer y plantear algunas sugerencias, sería genial».

Usted la ha felicitado por ser responsable y le aseguró que creía en ella. Recuerde, los primogénitos son organizados, detallistas y les encantan las listas, por lo que saltará directamente a este proyecto.

Usted concluye su conversación con un giro positivo: «Sé que tu hermano y tu hermana pueden ser irritantes. Pero realmente te admiran. Piensan que caminas sobre el agua, por eso les gusta estar cerca de ti y aprender de ti. Eres genial y puedes hacer cosas que ellos no pueden. Tienen curiosidad por tus cosas, por lo que invaden tu habitación. Por eso, de un modo gracioso, el hecho de que se metan con tus cosas es en realidad un halago. ¡Después de todo, eres genial!

»Pero no tienes que tener la razón o ser perfecta todo el tiempo. Tú también eres humana. Siempre te amaremos y te apoyaremos. Creemos en ti».

Eso, padre, madre, es un comienzo fabuloso para un cambio en la relación que podría terminar con la mala conducta de su primogénita.

CONSEJOS PARA LA CRIANZA
Los primogénitos

- Percátese de que viven con mucha presión y responsabilidad. Deles un descanso. No siempre pueden ser perfectos.
- No culpe a los hermanos del mal comportamiento de ellos.
- Insista en que los hermanos menores terminen las tareas familiares.
- Tómese el tiempo para exponer las cosas en detalle.
- Dele a su primogénito algo de espacio solo, sin usted ni sus hermanos.
- No los trate como su niñera instantánea. Antes de asumir que pueden hacerlo, verifique si su horario les permite cuidar a los niños más tarde durante el día, esa noche o ese fin de semana. En otras palabras, trátelos con respeto y lo retribuirán.
- Reconozca su lugar especial en la familia. Como mayores, deben tener privilegios especiales para cumplir con las responsabilidades adicionales que se les presenten.
- No acumule más responsabilidades. Asegúrese de que los más jóvenes también se ocupen de las suyas.
- Observe sus críticas. No salte con una corrección. Por ejemplo, si su primogénito le está leyendo y tiene problemas con una palabra, dele tiempo para pronunciarla. Brinde ayuda solo cuando la solicite. Los primogénitos son extremadamente sensibles a las críticas y a ser corregidos.
- Asegúrese de que haya un intercambio directo, solo entre su hijo mayor y uno o ambos padres. Los primogénitos responden mejor a la compañía de los adultos que los intermedios o los últimos, y lo anhelan porque la tenían antes de que sus hermanos se unieran a la familia. Por lo tanto, haga un esfuerzo especial para llevar a su primogénito a solas para tratar algo o para encargarle un recado.

Lo que su hijo único está, realmente, pensando…

Si no tengo mapa, la vida es estresante para mí. Me gusta saber a dónde voy y cuándo llegaré allí, incluidos los detalles. Me enloquece no saberlo, porque no puedo crear estrategias. Es por eso que paso más tiempo en mi tarea y estudio mucho más para las pruebas.

Detesto cuando mis padres me presionan con las calificaciones o en cuanto a estudiar. Ya estoy bajo mucha presión. No es que no estudie. Pero me hace sentir que no confían en mí porque soy un chico. Detesto aún más cuando toman decisiones por mí, como si fuera demasiado tonto para hacerlas yo. El otro día, papá entró a mi habitación sin permiso y revisó los folletos de mi universidad. En la cena, presentó tres de ellos etiquetados con #1, #2 y #3 y me dijo que había evaluado las mejores escuelas para mí.

No hay forma de que vaya a ninguna de esas escuelas... solo porque él las escogió. Es mi vida, no la suya. ¿Por qué se inmiscuye en mis asuntos? Tuvo su tiempo para considerar universidades. Ahora es el mío. Pero decirle eso no cayó tan bien.

«Solo pienso en lo mejor para ti», dijo papá.

¿No puedo decir algo en cuanto a mi propio futuro? No es mi culpa que sea su único hijo y tenga que continuar con el honor del apellido.

Bueno, yo también. ¿No puedo decir algo en cuanto a mi propio futuro? No es mi culpa que sea su único hijo y tenga que continuar con el honor del apellido.

También me canso de que digan: «¿Por qué no actúas de manera más amigable y así tienes algunos amigos?». Tengo amigos, algunos, pero son buenos. No soy un imbécil social, pero no me gusta estar con otros chicos todo el tiempo. Prefiero pasar tiempo solo con mis libros y hacer algo de vez en cuando. Mis amigos también son así.

Aunque soy su único hijo, ¿mamá y papá tienen que vigilarme tan de cerca? A veces quiero relajarme, pero siento que no puedo. Uno de ellos dice: «Deberías...». No dejan de presionarme para hacer otra cosa o hacer algo mejor.

Siento que nunca soy lo suficientemente bueno para ellos. Como cuando era niño y arreglé mi cama solo. Estaba tan orgulloso que le pedí a mamá que viniera a verla. Ella dijo: «Buen trabajo, cariño», pero luego alisó algunas arrugas y rehízo una esquina. O cuando aprendí a leer en el preescolar y estaba luchando con una palabra, y ella dijo: «¿Todavía no sabes esa palabra?». Quiero decir, en serio, la mayoría de los otros niños en el kínder todavía estaban comiendo pasta.

¿Ve lo que quiero decir? Son muy críticos, cuando ya soy lo suficientemente duro conmigo mismo.

La única forma de evitarlos es actuar como si estuviera haciendo lo que ellos quieren. Luego, tan pronto como salgo por la puerta, puedo hacer lo que *yo* quiera.

Rara vez me atrapan. Cuando lo hacen, me castigan mucho más fuerte que a mis amigos, que hacen cosas mucho peores. Pero sé que si espero lo suficiente, a mis padres se les va a pasar y yo voy a poder volver a mis asuntos, como de costumbre, sin que me detecten.

LO QUE USTED PUEDE HACER POR SU HIJO ÚNICO

Saber lo que piensa su hijo único puede hacer que sus conductas sean menos «personales». También tocan una fibra sensible, ¿verdad?

Él es su hijo único, así que usted tiene muchas esperanzas y sueños con ese chico. Tiene lo mejor para él en mente, pero a veces la forma en que usted actúa —según sus expectativas como padre o madre— agrega más peso a la ya pesada carga de un hijo único. No es sorprendente que su único hijo a veces le lance algunas palabras a la cara como:

- «¿Me quieres dejar en paz? Estoy haciendo mi mejor esfuerzo».
- «Sé que es jueves por la noche. Solo salí un rato para tomar un poco de aire fresco, pero actúas como si fuera a fallar en mi examen mañana si me tomo un descanso».
- «¡Deja de intervenir que yo lidio con eso!».

Una conversación útil con su hijo único podría ser algo como esto: «Ahora entiendo cuánta presión ejercemos sobre ti y lo siento».

CONSEJOS PARA LA CRIANZA
Los hijos únicos

- Bríndeles un descanso. No siempre pueden ser perfectos. Tenga en cuenta que viven con mucha presión y responsabilidad como portadores de la antorcha de la familia.
- Observe su ojo crítico. Ellos ya tienen dos en sí mismos, los propios; por lo tanto, no necesitan agregar el suyo.
- No use el «deberías» con ellos («Deberías hacer esto»). Ya hacen lo suficiente para sí mismos. Insistirles les hará resentirse, rebajar su autoestima y hacerlos más difíciles de tratar.
- No mejore lo que dicen o hacen. Eso solo refuerza su perfeccionismo ya arraigado. Acepte la cama ligeramente arrugada, la poco limpia habitación o lo que sea que hayan hecho. Si lo hace de nuevo, envía el mensaje de que no están a la altura de las expectativas de usted.
- Tómese el tiempo necesario para exponerles las cosas en detalle.
- Concédales un espacio tranquilo, sin entrometerse.
- Percátese de que se sienten más cómodos con los adultos que con sus propios compañeros, por lo que pueden hacer amigos poco a poco. Lo bueno es que los amigos que hacen suelen ser cuidadores, mientras que la mayoría de los otros chicos cambian de amigos con tanta frecuencia como cambian de camisa.

Esa declaración inicial llamará su atención, especialmente porque usted, su padre todopoderoso, ha dicho las palabras «lo siento». Para los hijos únicos, decir eso es como algo mágico.

«Tú haces todo extraordinariamente bien y ya te presionas bastante fuerte a ti mismo. Sé que algunas de las cosas que he dicho, te han hecho sentir aún más estresado. De modo que, si me ayudas, quiero dejar de molestarte. Voy a tratar de detenerme antes de recordarte cosas que ya sabes o preguntarte sobre alguna tarea. Después de todo, ya lo tienes, y eres aún más detallista que nosotros.

»Pero también quiero que sepas que aun cuando reprobaras un examen, no cambiaría mi opinión sobre ti. Lamento haberte criticado en el pasado y haberte presionado más. Si hay algo que pueda hacer para ayudarte o aliviar tu carga, te escucho. Sé que aún cometeré errores. Tú también. Ninguno de nosotros es perfecto, lo cual está bien. Pero me gustaría comenzar de nuevo, a partir de ahora, contigo y conmigo. ¿Podrías ayudarme con eso?».

«Lo siento» es un primer paso importantísimo a dar con un hijo único que se siente presionado constantemente. Cuando él sabe que usted se preocupa por él, lo entiende y se motiva a hacer cambios, con lo que se desprenderá un poco de ese estrés interno. Pero un hijo único también esperará a ver si las acciones de usted se alinean con sus palabras.

Tomará tiempo, pero ahora al menos atravesará el mismo terreno que su hijo.

Lo que su hijo del medio, realmente, está pensando…

A veces me pregunto qué estoy haciendo aquí en mi familia. Nadie se da cuenta si no estoy en la cena. Es como si fuera invisible. Si desapareciera, probablemente pasarían días antes de que me echaran de menos.

He pasado toda mi existencia estrujado entre mi perfecto hermano mayor —que no puede equivocarse— y mi hermana malcriada que llama la atención sin importar lo que haga porque es «adorable». La mejor manera de sobrevivir es mantener la boca cerrada y dejar que los fuegos artificiales se enciendan a mi alrededor. Cuando mi hermano y mi hermana pelean, mantengo un perfil bajo tanto como puedo. Pero a menudo soy yo quien es llamado a interponerse entre ellos. Termino teniendo que negociar algo de paz cuando todo lo que quiero es un espacio tranquilo para mí y paz en la casa.

Nadie pregunta lo que pienso. Y si lo hicieran y trato de responder, probablemente no podrían escucharme con todo el ruido que hace mi hermanita. Francamente, a veces me siento como un extraterrestre en mi propia familia. No me siento parte de ella.

Por eso mis amigos son tan importantes para mí. Si paso un mal día, cierro la puerta y les envío un mensaje de texto. Se sienten más familia que la mía. Mis padres no entienden eso y no hay forma de que se los pueda decir. Así que sigo teniendo problemas por no cumplir la hora límite para llegar a la casa y poder pasar más tiempo con mis amigos.

> *Nadie pregunta lo que pienso. Y si lo hicieran y trato de responder, probablemente no podrían escucharme con todo el ruido que hace mi hermanita.*

LO QUE USTED PUEDE HACER POR SU HIJO DEL MEDIO

Saber lo que piensa su hija del medio puede hacer que su mal comportamiento sea menos «personal». Después de todo, si usted estuviera atrapada en medio de las batallas de sus hermanos y se sintiera invisible e ignorada en su familia, ¿no se metería en problemas de vez en cuando para mostrarles que existe?

Una conversación útil para tener con su hija del medio podría ser algo como esto: «Me encantaría contar con tu ayuda en algo. Estoy tratando de descubrir cómo lanzar un sitio web para mi nuevo negocio, pero tengo problemas. Eres tan buena descubriendo cosas en línea. Te veo en tu computadora todo el tiempo y pareces una genio. ¿Crees que podrías ayudarme?».

Debido a que los nacidos en el medio se sienten invisibles, pedir su opinión o ayuda en algo es como acariciar a un gatito, de la forma correcta, por supuesto. Pásele la mano en la dirección equivocada y estremecerá su pelaje, además de que tendrá un gatito enojado.

Mientras trabajen juntas en el proyecto, diga: «Sé lo importantes que son tus amistades para ti y cuánto disfrutas pasar tiempo con ellas. Me encantaría escuchar tus ideas sobre cómo podrías pasar ese tiempo con ellas, pero combinándolo con más tiempo para nosotros como familia.

Sé que en esta etapa de tu vida no siempre quieres tener a mamá ni a papá cerca. Pero últimamente he estado pensando que no paso suficiente tiempo contigo. Te extraño cuando no estás cerca».

Sus oídos se animan. *¿Mamá finalmente entiende lo importantes que son mis amigos para mí? ¿Y además, me extraña? ¿Qué está pasando aquí?*

«Me encantaría hacer algo divertido contigo. Solo tú y yo, no los otros niños. ¿Hay algunas cosas que te gustarían hacer sin arrastrar a los otros chicos? Si tienes algunas sugerencias, me encantaría escucharlas».

A estas alturas, su hija del medio está en estado de *shock*. ¿Deshacerse de los otros niños por la noche y hacer algo divertido?

«Oye, sé que es difícil estar atrapada en el medio todo el tiempo entre esos dos. Por lo general, tu hermano recibe un premio por algo y tu hermana, bueno...». Se ríe. «Si ella no llama la atención tiene que hacer algo para llamarla, ¿te parece?».

Ella asiente. *Guau, ella sabe lo que es estar en mi posició*n.

CONSEJOS PARA LA CRIANZA
Los hijos del medio

- Percátese de que ellos evitarán los conflictos. Por eso desaparecen con frecuencia.
- Solicite su opinión o consejo. Están acostumbrados a ser invisibles, por lo que no hablarán primero ni lo harán por sí mismos.
- Tenga mucho cuidado para que se sientan especiales, especialmente porque son presionados entre sus hermanos y sus hermanas.
- Muestre interés en lo que es importante para ellos, incluidos sus amigos y actividades.
- Agradézcales por apagar los incendios en las peleas familiares.
- Pase tiempo individualmente con ellos. Dado que los nacidos en el medio evitan expresar sus sentimientos, reserve tiempo de

conversación para los dos. Aunque es importante hacer eso con cada niño, es menos probable que un hijo del medio insista en su parte justa. Asegúrese de que lo entiendan.

- Configure algunos privilegios normales con los que su hijo del medio pueda contar. Tal vez sea algo tan simple como ver un programa de televisión específico todas las semanas sin interferencia de nadie de la familia. Tal vez irá a cierto restaurante todos los meses solo con usted. Lo importante es que, sea cual sea el privilegio, sea territorio exclusivo del hijo del medio.
- Asegúrese de que obtengan nuevas prendas de vestir, no solo ropa de mano de un hermano mayor. Para las familias con ingresos suficientes, esto puede no ser un problema, pero en algunos hogares la ropa de segunda mano es una parte habitual del crecimiento. Hacerlo de vez en cuando está bien, pero su hijo del medio apreciará particularmente algo que sea nuevo, sobre todo un elemento clave como una chaqueta o un par de *jeans*.
- Ante un mal comportamiento, escuche atentamente sus respuestas o explicaciones. Su deseo de evitar conflictos y no agitar puede interferir con los hechos reales. Ellos son leales a los amigos, así que no quieren que se metan en problemas, aunque tengan que cargar con la culpa. Es posible que tenga que presionar suavemente: «Sé lo que está diciendo, pero siento que hay más detrás de eso. Me gustaría conocer toda la historia. Quiero saber qué sucedió realmente y cómo te sientes al respecto. No te meterás en problemas, así que puedes ser sincero».
- Sobre todo, asegúrese de que el álbum de fotos de la familia tenga su parte con las fotos de su hijo del medio. No permita que sea víctima del destino estereotipado de ver miles de fotos de su hermano mayor y solo unas pocas de él. Además, tome fotos de su hijo del medio solo, no como parte de sus hermanos. Al hacerlo, le está diciendo a su hijo del medio: «Eres único e importante para mí».

«Por eso te aprecio tanto. Eres la equilibrada de nuestra familia, la chica con la que puedo contar. Te llevas bien con tus dos hermanos. Cuando pelean —y lo hacen mucho, ¿no?— no te parcializas. Eres una negociadora maestra. Tal vez puedas ser diplomática algún día. Eres muy buena viendo todos los lados de un problema y haciendo que dejen de pelear. Tu hermano y tu hermana te necesitan más de lo que creen. Es la razón por la que corren hacia ti, en primer lugar. Ellos ven que tú, y solo tú, sabes cómo resolver el problema».

Oye, ella realmente lo entiende, y sí, soy buena en eso.

«Pero no olvides», concluye usted, «tú también tienes derecho a expresar tu opinión. Lo que piensas y sientes cuenta. Es importante para tu papá y para mí. Cuando no estás cerca, te extrañamos. Por lo tanto, me encantaría encontrar una solución beneficiosa para todos en la que pases tiempo con tus amigos y nosotros tengamos tiempo contigo».

Haga eso, madre, padre, y habrá redirigido el mal comportamiento de su hijo o hija del medio de violar constantemente el horario límite y meterse en problemas. Ahora le ha dado razones para volver a casa.

Por encima de todo, los nacidos en el medio necesitan saber que son importantes y que lo que piensan es relevante. Las pequeñas cosas de usted tienen mucho significado.

Una noche, hace años, llevé a nuestros tres hijos a jugar bolos. Cuando nos sentamos para comenzar a apuntar en la hoja de anotaciones, hubo una discusión intensa sobre quién jugaría primero. Mientras Holly, mi primogénita, y Kevin II, mi bebé de la familia, competían en voz alta por el honor, noté que Krissy, mi hija del medio, no decía una palabra.

«Krissy», le dije, «elige tú».

¿Qué hizo Krissy? Lo que harían los niños del medio: mantener la paz como verdaderos diplomáticos. Primero puso el nombre de su papá, luego Holly, luego Kevin II y finalmente ella.

Aunque también sonrió porque su papá le había pedido su opinión.

Lo *que realmente está pensando su último hijo*…

¿Tienen alguna idea de lo difícil que es crecer con una hermana mayor que tú y que es perfecta? Me comparan todo el tiempo con ella, así que me he rendido. Nunca obtendré las mejores calificaciones ni estaré en el consejo estudiantil como ella.

¿Y mi popular hermano mayor? Ni siquiera me hagas empezar. Me canso tanto de que la gente diga: «Ah, eres el hermano de Jett. ¿Tú también juegas fútbol? Bah, solo porque estemos relacionados no significa que seamos iguales.

Pero cuando quiero que la gente se fije en mí, sé exactamente cómo llamar su atención. Y soy bueno en eso. Puedo hacer que mamá se presente en la escuela y me saque temprano si hago cosas como gatear por debajo de las divisiones de los baños y cerrarlos desde adentro, o verter mi leche en la mochila de otro niño. Un viaje corto a la oficina del director no es nada comparado con salir temprano de la escuela y que mamá me lleve a Taco Bell, de camino a casa, porque no tenía planeado el almuerzo.

Cuando mi hermana perfecta me está volviendo loco, sé cómo meterla en problemas: «accidentalmente» dejo caer su teléfono en el inodoro. Cuando ella grita y se lanza a perseguirme, ella es la que tiene más problemas porque es la mayor. Además, mis gritos atraen más la atención de mamá y de papá, porque puedo gritar más fuerte. Acuden corriendo como perros entrenados.

Sin embargo, ella también sabe cómo vengarse de mí. Cuando quiere sacarles un favor a nuestros padres sin que la maltraten, me envía a preguntar. Y yo me presto al juego. Después de todo, tengo muchas más posibilidades de obtener lo que ella quiere y casi siempre, me queda algo. La última vez me dio cinco dólares porque conseguí que se inscribieran en YouTube Red.

También tengo el número de mi hermana. Si no quiero hacer algo, actúo con amabilidad o me muestro incapaz y ella se encarga de mí. Aunque me llame «estúpido» o «perdedor», no me importa.

Mi hermano está tan ocupado con sus amigos que básicamente me ignora, excepto cuando mi hermana y yo nos peleamos en casa. Entonces nos dice a los dos que nos callemos o mamá y papá lo oirán.

Sin embargo, como no soy inteligente como mi hermana ni tan popular como mi hermano, tengo que hacer que mamá y papá me presten atención de alguna manera. Si me porto mal, capto su atención. Si no hago eso, nadie se fijará en mí.

Así que, veamos. ¿Qué debo hacer, a continuación, para llamar la atención? ¿Lanzar unas rosquillas con mermelada —de las que sobran— a los autos que pasan? ¿Atar al gato a nuestro árbol del patio trasero? ¿Afeitar al perro del vecino? Puede verse bien con un corte rapado en un lado...

¿Qué debo hacer a continuación para llamar la atención? ¿Lanzar unas rosquillas con mermelada —de las que sobran— a los autos que pasan? ¿Atar al gato a nuestro árbol del patio trasero? ¿Afeitar al perro del vecino?

LO QUE USTED PUEDE HACER POR SU ÚLTIMO HIJO

Saber lo que piensa su último hijo puede hacer que su mal comportamiento sea menos «personal». Si considerara su comportamiento como una forma de llamar la atención, ya que no puede competir con su hermana perfecta, ¿cambiaría eso su respuesta? Al darse cuenta de que el lema de su vida es «Solo valgo si la gente me presta atención y puedo hacerlos reír», ¿entiende ahora su comportamiento de payaso, que de lo contrario le volvería loco?

Una conversación útil a tener con su último hijo podría ser algo como esto:

—Tu hermana a veces es exagerada, ¿te parece?

Los oídos de tu último hijo se animan. *¿Qué? ¿Mamá también piensa lo mismo?*

—Quiero decir, ella es buena en muchas cosas, pero a veces se toma demasiado en serio. No me sorprendería si eso te molesta ocasionalmente.

Espera un momento. ¿Mamá entiende lo que pienso y cómo me siento?

—Pero ¿sabes qué? Tanto que se irritan ustedes y aun así se necesitan. Ella necesita que la hagas reír cuando está estresada. Y tú la necesitas, incluso cuando —a veces— es prepotente. ¿Recuerdas cuando ella te libró del bravucón del vecindario al leerle la legislación antidisturbios para que se asustara y escapara? ¿Y nunca más te molestó?

Él asiente, mientras revives esa experiencia con risa.

—Bueno —continúas— esa es la misma hermana cuyo teléfono elegiste dejar caer en el inodoro ayer. Como resultado, perdió una llamada muy importante de una universidad sobre una entrevista.

Dejas que él asimile eso por un momento. Ahora su cabeza está oscilando un poco.

—Lo siento mamá.

—No necesitas disculparte conmigo. Discúlpate con tu hermana.

—Está bien —dice mansamente.

—También sé que a veces ella hace tus quehaceres; y no creo que sea justo para ella ni para ti.

Recórcholis, piensa. *Mamá se dio cuenta.*

—No te gusta cuando tu hermano y tu hermana te tratan como a un bebé, ¿verdad? Bueno, un poco de trabajo no te matará y hará que te tomen más en serio. Eres un miembro de esta familia, al igual que tu hermana, tu hermano, tu padre y yo. Todos trabajamos juntos y jugamos juntos. Eso significa que debes hacer el trabajo que se te asignó en lugar de dejar que tu hermana lo haga.

»Sé que te gusta hacer reír a la gente y me encanta eso de ti. Pero a veces tu hermano y tu hermana también necesitan un lugar —en el centro de atención— para ser aplaudidos por sus logros. No necesitas hacer algo como dejar caer el teléfono de tu hermana en el inodoro para llamar nuestra atención. Siempre la tienes. Si no la sientes y quieres un

CONSEJOS PARA LA CRIANZA
Los hijos nacidos de último

- Deje que le entretengan. Son buenos en eso.
- Preste atención a sus comportamientos positivos y tendrá menos conductas erróneas.
- No caiga en sus encantos manipuladores y haga su trabajo por ellos. Asegúrese de que cumplan con su justa parte de las responsabilidades en la casa. Los hijos nacidos de último a menudo terminan con muy poco que hacer por dos razones: (1) son expertos en esquivar el trabajo por hacer, y (2) son tan pequeños e «indefensos» que el resto de los miembros de la familia deciden que es más fácil hacer el trabajo ellos que asegurarse de que los bebés cumplan con lo que se supone que deben hacer.
- No deje que se salgan con la suya. El hijo último es el que menos probabilidades tiene de ser disciplinado en la familia y el que tiene menos probabilidades de cumplir con las expectativas de los padres como lo hacen los niños mayores. Entonces piense: *¿Cómo responsabilicé a los niños mayores? ¿A qué hora les hacía ir a la cama cuando tenían esa edad?* Luego imponga reglas similares para el último nacido. No deje que se vaya exento con una experiencia fantasiosa porque ya está demasiado cansado para ser padre.
- No los mime, pero tampoco deje que se golpeen o se pierdan en la confusión. Los nacidos de último son conocidos por sentir cosas como: «Nada de lo que hago es importante», por lo que no es de extrañar que no se esfuercen demasiado. Haga un pacto si tienen éxito (recuerde, anhelan ser el centro de atención), y asegúrese de obtener una buena cantidad de espacio en la puerta del refrigerador con documentos escolares, dibujos y recompensas.
- Involúcrelos en la lectura muy temprano. Seis meses de edad no es demasiado prematuro para comenzar a leerles libros ilustrados con colores brillantes. Cuando empiecen a leer, no haga el trabajo de pronunciar las palabras por ellos. A los nacidos de último les gusta que les lean y le permitirán hacer la mayor parte del trabajo si pueden salirse con la suya. Es por eso

que a menudo son los últimos en leer en la familia y también son los lectores más pobres. Prefieren socializar cualquier día que leer un libro. Socializar es tan natural para ellos como respirar. Leer es trabajoso.

- Invoque sus fanfarronerías cuando lo necesite, incluidos los malos comportamientos. Bríndeles opciones: «Haz tu tarea esta noche y podrás ver tu programa de televisión favorito más tarde o no hagas tu tarea y no veas ese programa más tarde». O: «Ponte en forma en la escuela o deja el béisbol. Es tu elección. Sin presión».
- Trátelos con respeto y estarán a la altura del desafío, aunque a veces tengan que ser empujados un poco.
- Complételes el libro que usted escribió acerca de su infancia antes de los veintiún años. Sí, la vida se acumula con la llegada de ese tercer hijo (o más). No, no tiene tanto tiempo como antes. Pero ese niño aún necesita su atención positiva. Deje pasar otras cosas, como quitar el polvo o esa promoción en el trabajo, para darle tiempo a su bebé.

poco, acércate a tu papá o a mí, y di: "Necesito hablar" o "Necesito un abrazo" o "Me siento aburrido en este momento". Esas son buenas soluciones a las ansias de atención».

Considere la perspectiva a largo plazo

Sabía que sus hijos eran diferentes, pero ahora entiende aún más *por qué* lo son. Es por eso que nunca debe tratar a sus hijos de la misma manera, porque *no son* iguales. Intentar tratarlos de esa manera solo insta a la rebelión.

Una vez que comprenda en qué manera afecta el orden de nacimiento a su pensamiento y el de su hijo y provoque la mala conducta de su hijo, estará mejor equipado para lidiar con esos malos comportamientos. Claro, ellos todavía levantarán la cabeza. Los hermanos pelearán. Eso es tan seguro como la gravedad. Competirán aún más si solo tienen un par de años de diferencia y son del mismo género. Pero si piensa en esa pelea como algo más —un acto conjunto para llamar su atención— no sentirá la tentación a involucrarse y aumentar la pelea, ¿verdad? ¿Quiere desanimar a su hija si intenta convencer a su hermana? Simplemente diga: «Vaya, podrías tener razón», y aléjese. O cuando los hermanos se enfrenten y traten de engancharla, encójase de hombros y diga: «Bueno, estoy segura de que lo resolverán», y salga de la habitación.

Tener en cuenta la perspectiva a largo plazo es de vital importancia en la crianza de los hijos. Los ánimos pueden caldearse y hasta explotar.

Aquí hay algo irónico acerca de los hermanos: por la mañana, hermano y hermana pueden odiarse uno al otro y enfrentarse cara a cara en la batalla. Pero si otro chico trata de molestar a esa hermana en la escuela, ¿adivine quién va al bate por ella? Sí, su hermano, el mismo al que llamó una «molestia colosal» horas antes. ¿Por qué es el primero en la fila para defenderla? Porque eso es lo que hace la familia.

¿Quiere saber qué está pensando realmente su hijo?

Si quiere saber qué está pensando realmente su hijo, cállese y escuche.

Si usted es el padre típico, cuando su hijo se acerca a usted con un problema, sabe cómo debería sentirse y cómo no debería sentirse. Usted cree que está siendo útil cuando dice cosas como:

- «Ah, cariño, todo saldrá bien. No te preocupes por eso».
- «No es gran cosa».
- «Eres demasiado sensible».
- «Estoy seguro de que mejorará».
- «¿Estás seguro de que no te lo estás imaginando?»
- «Esto también pasará».
- «¡No puede ser tan malo!».

Sin embargo, todas esas declaraciones —aparentemente útiles— transmiten que no escuchó la esencia de lo que preocupa al chico. Ese niño se arriesgó a contarle algo real e íntimo que lo molesta auténticamente y usted minimizó la importancia de ese drama.

¿Qué está pensando realmente su hijo? *Bueno, traté de mencionar algo muy importante para esas personas que dicen que me aman más que nada, y ¿qué dicen?* «¡No te preocupes por eso! No es gran cosa». No son los que llaman «Cara de pizza» en la escuela.

Entonces, ¿qué hará su hijo? Se alejará de usted como si fuera una papa caliente, huirá a su habitación y cerrará la puerta. Luego recurrirá a su grupo de pares medio confundido para pedirles consejo.

Si realmente quiere saber qué está pensando su hijo, debe ponerse en su lugar para ver su mundo desde la perspectiva de él. Para hacer eso, debe estar dispuesto y facilitar la conversación potencial diciendo algo como: «Parece que tuviste un día difícil. Estaré aquí si quieres hablar».

Con una invitación tan abierta, ese chico hablará, finalmente.

Cuando lo haga, conviértase en un oyente magistral con los siguientes tres consejos.

Sepa que los sentimientos no son correctos ni incorrectos.

Son solo sentimientos. A usted no le gusta que otros le digan cómo debe sentirse, entonces, ¿por qué le haría eso a su hijo?

No juzgue ni minimice el drama.

Mantenga su oído atento y su boca cerrada, excepto por comentarios como: «Puedo ver por qué duele» o «Cuéntame más».

Ponga un «tercer oído» en medio de su frente.

Ponga a un lado cualquier trabajo que esté haciendo y participe activamente. Escuche sus palabras. Esté atento a la emoción que brota en la cara de ellos.

Cada vez que su hija es lo suficientemente valiente como para contarle algo a usted, dice: «Confío en ti con mis sentimientos y mis pensamientos más profundos». Si tiene un hijo así, lo aplaudo porque ya debe ser un buen oyente. Sin embargo, si su hijo tiende a callarse, no es demasiado tarde para cambiar su relación. Sea el adulto y diga: «No he sido muy bueno escuchándote, pero quiero mejorar. ¿Serías tan amable de ayudarme?».

Después de que la conmoción inicial pasa, dudo que un niño en el planeta rechace eso. Eso es porque, aun cuando no lo parece, usted es la constante más importante en el universo en rápida evolución de su hijo.

Las cuatro etapas del mal comportamiento

Qué son, cómo empiezan y cómo identificar dónde está su hijo en la clasificación.

Una vez tuve una perra inteligente. Barkley era una *cocker spaniel* y se metía en todo tipo de problemas. «Impredecible» era su segundo nombre. Una vez que se le metía algo en esa cabeza canina, se alojaba ahí hasta que la atendiera. Usted podía decirle que no, pero sabía muy bien que ella lo haría de todos modos. Una vez, cuando estábamos en medio de la cena, se escabulló detrás de nosotros, agarró el pastel de carne de la mesa y salió corriendo con él.

En otra ocasión, estábamos armando un rompecabezas. Ella se robó una pieza, se la llevó corriendo por el pasillo y la escondió en alguna parte. Esa pieza del rompecabezas todavía no ha aparecido y eso que mi esposa es una muy buena ama de casa.

Esos dos acontecimientos provocan risas en la mesa familiar ahora, pero en ese momento no fueron tan divertidos. Nos quedamos sin nuestro delicioso plato principal y solo con espárragos y papas. El fiambre de salami no era un buen sustituto. Trozos de ese pastel de carne también cayeron al piso cuando Barkley echó a correr e hizo un gran desastre en la alfombra. Y con respecto a esa pieza del rompecabezas que falta, no hay nada más irritante que no poder completar la obra maestra en la que has trabajado como familia durante un mes.

Como la perra no recibió las caricias nuestras que ella quería, cuando las quería, creó situaciones que nos harían prestarle atención.

El plan de juego de sus hijos

Sus hijos son iguales. Todo mal comportamiento es un llamado de atención. Si su hijo no recibe ese llamado con acciones positivas, procederá a hacer que usted lo haga a través de acciones negativas. Ese mal comportamiento continuará mientras le dé resultado. Cuando ya no obtenga nada con eso, se detendrá. Cuanto más rápido preste el tipo correcto de atención, mejor será para usted.

> *Todo mal comportamiento es un llamado de atención. Cuanto más rápido preste el tipo correcto de atención, mejor será para usted.*

Los chicos desarrollan su plan de juego observándolo a usted. La forma en que usted responde a las situaciones que la vida le presenta modela para ellos el modo en que deberían responder. Sus hijos siempre están tomando notas, descubriendo cómo obtener lo que quieren, cuando quieren. Y, padre, madre, ellos son magistrales para identificar todos sus puntos débiles, cómo presionarlos y cómo trabajarlos a ustedes. Cada vez que aprendan algo nuevo, lo guardarán y lo usarán cuando sea necesario para su provecho.

Los niños son influenciados por las comodidadess. Es por eso que un bebé llora cuando tiene hambre o su pañal está sucio. Y se alborotará, como lo hizo la bebecita en el restaurante cuando no quería sentarse en aquella silla alta y fría, y prefería sentarse en un regazo cálido y cómodo. Solo estaba tratando de hacer la vida más cómoda para ella. A medida que avanzaba en la vida, estaba aprendiendo de las respuestas de sus padres: *Oh, así que eso es importante para ellos. Ya veo. ¿Cómo puedo usarlo yo?* Padre, madre, una vez que algo sea importante para usted, tenga cuidado. Ese algo se convertirá en un recurso iluminador para su hijo.

- Las notas escolares son importantes para ti, ¿eh? Bueno, mira esto...
- No te gusta cuando hago un berrinche frente a otras personas adultas, ¿verdad? Bien, tendré lo que quiero si...
- ¿Detestas ser avergonzado frente a tus amigos? Tengo algo nuevo para ti...
- ¿No soportas cuando alguien te cuestiona? Entonces, si yo...

Estos son solo los primeros.

Es por eso que los padres de esa criaturita deberían haber insistido en que se quedara en su propio asiento. «Yo tengo un asiento, papá tiene un asiento, abuela tiene un asiento y tú tienes un asiento. Todos nos quedamos en nuestros propios asientos durante la cena». Si la bebecita decidió no comer su comida, que así sea. El hambre natural ha de surgir tarde o temprano, y la niña comerá.

Por supuesto, seguir esos pasos para un niño que ya ha descubierto el poder de su dedo meñique ocasionaría un gran alboroto. Es posible que la familia no quiera volver a ese restaurante por un tiempo. De hecho, comprar la comida para llevar o cocinar en casa sería una mejor opción, mientras vuelve a entrenar a su hija. Pero a veces tiene que enfrentar un poco de vergüenza para hacer lo correcto a largo plazo.

¿Qué es real para su hijo?

Los niños reaccionan al entorno social en el que se encuentran y a lo que sea que esté sucediendo a su alrededor. Así es como aprenden.

La realidad de su hijo se basa en lo que él cree que ve y lo que cree que escucha. Estas pueden ser percepciones reales o imaginarias. ¿Alguna vez ha visto una de esas imágenes de ilusión óptica en las que lo que ve una persona es diferente de lo que ve otra? Bueno, lo que un niño de su familia percibe como real puede ser completamente diferente de lo que otro niño aprecia como real. Es por eso que los hermanos, a menudo, recuerdan los acontecimientos familiares clave de manera distinta.

> La realidad de su hijo se basa en lo que él cree que ve y lo que cree que escucha.

Por ejemplo, un hermano mayor recuerda la horrible Navidad que tuvo cuando tenía trece años. Toda la familia estaba atrapada en una nevada y se vio obligado a jugar con su hermano pequeño durante el «tiempo de unión familiar» en vez de leer los libros que había apartado. Para colmo, sus padres les dieron a él y a su hermano el mismo regalo: trineos. Hubiera sido un buen regalo, cuando tenía cinco o seis años.

El hermanito recuerda esa misma Navidad como la mejor de todas. La familia completa estaba junta, hicieron ángeles de nieve, y él inventó una obra de Navidad en la que todos actuaron. También recibió un trineo rojo, y él y su hermano se divirtieron con el trineo cuesta abajo una vez que la nieve se despejó.

El mismo evento, exactamente, pero visto a través de lentes completamente diferentes.

¿Por qué una percepción tan diferente? Porque la manera en que cada niño veía la realidad de acuerdo a su orden de nacimiento —además de las respuestas de los padres a sus acciones y sus experiencias— hasta ese momento daba forma a sus recuerdos.

El hermano mayor era serio y había crecido bajo las altas expectativas de sus padres. Esperaba algún tiempo de inactividad de la escuela, un alivio de la presión y leer algunos buenos libros que, de otro modo, no habría tenido tiempo de leer. Sin embargo, se vio obligado a socializar y recibió un regalo que insultaba su edad y su inteligencia.

Al hermano menor le encantó que la familia se reuniera y estuviera atrapada por la nieve. Fue emocionante, y todos le prestaron atención en lugar de ignorarlo como de costumbre. Incluso lo dejaron inventar su propia obra de Navidad y protagonizarla. Para colmo, el hermano que generalmente lo llamaba «Dumbo» lo llevó afuera y jugó en trineo con él. Incluso tuvieron una pelea con bolas de nieve. ¿Qué podría ser mejor?

Esa Navidad, uno de esos dos muchachos se metió en problemas por su mal comportamiento. ¿Puede adivinar cuál fue?

Tiene razón. Fue el hermano mayor, que nunca antes había tenido problemas. El hermano menor salió libre de penas y tuvo unas vacaciones tipo Disneylandia.

¿Qué escuchó el hermano mayor de sus padres? Una letanía con los siguientes comentarios:

- «¿Qué sucede contigo? Todo lo que te pedimos es que juegues con tu hermano por una vez».

- «¿Qué pasa con esa actitud? Has tenido una actitud terrible durante todo este descanso».

- «Siempre estás en tu habitación. Somos una familia y este es el momento familiar».

- «Tu hermano creó una obra de Navidad, y todos tenemos que actuar en ella. Vamos».

- «No puedo creer que golpeaste a tu hermano en la cara con una bola de nieve que tenía una roca dentro. ¿Cómo pudiste? Ahora está llorando».

- «Pensé que eras un buen chico, pero estás mostrando tu verdadera personalidad. ¡Qué Navidad!».

Sí, pensaba él, *qué Navidad en verdad. Es el peor momento de mi vida. Y nadie se dio cuenta de mi boleta de calificaciones llenas de A,*

*ni me felicitaron por terminar ese artículo de historia que me llevó un
mes en el que hice toneladas de investigación. Todo tiene que ver con
mi hermano, como siempre.*

¿Puede ver por qué ese niño que una vez fue perfecto se rebeló? No
llamó la atención por las cosas positivas que estaba haciendo y estaba
frustrado con toda la atención que estaba recibiendo su fastidioso
hermano menor. De modo que decidió que la única forma de llamar
la atención era poner una piedra dentro de una bola de nieve y lan-
zarla contra su hermano. Tal vez entonces su familia podría tener una
idea de lo enojado y decepcionado que estaba con sus «vacaciones»
arruinadas.

Yo también me habría rebelado en esas circunstancias y habría hecho
algo mucho peor. Usted también, a menos que sea un santo.

¿Por qué los chicos se portan mal?

Por supuesto, no sabría lo que es ser perfecto, ya que yo era ese hermano
pequeño, el payaso y alborotador de la familia. Cuando tenía trece años,
había hecho tantas travesuras que un libro completo no podía enume-
rarlas todas. Yo solo me mofaba de la autoridad y le gritaba. Siempre
llamaba a casa y les decía a mis padres dónde estaba porque sabía que
se suponía que debía hacerlo. El problema era que nunca estaba donde
decía que estaba. Pero debido a que mis padres caían en la trampa, no
tuve que obligar a mi otro yo vulgar a responder por mí.

¿Por qué pasé mi infancia portándome mal? Porque esa era la única
forma en que podía llamar la atención. Yo no era mi hermana mayor
perfecta, estudiante de puras calificaciones altas, ni era mi popular hermano mayor, estrella deportiva perfecta. Así que me convertí en el payaso
de la familia.

Los niños se portan mal por una razón. La idea de que el comportamiento tiene un propósito fue declarada por primera vez por el psiquiatra
Alfred Adler, que era un tipo práctico pero escribía libros muy pesados.

Para que más personas puedan entender los principios de Adler sobre la conducta, un estudiante suyo, el doctor Rudolf Dreikers, los organizó en cuatro metas: atención, poder, venganza y exhibición de deficiencia. Los investigadores Don Dinkmeyer y Gary McKay simplificaron aún más las teorías de Adler al proporcionar una tabla de estas «4 metas del mal comportamiento».[5] Lo más importante es saber que esas metas son secuenciales. En pocas palabras, si los niños no pueden llamar su atención de manera positiva y se desaniman, pasan a la siguiente etapa: llamar su atención mediante un comportamiento poderoso y negativo. Si usted no aborda ese comportamiento negativo y —sobre todo— sus razones subyacentes, ellos pasarán a la etapa de «venganza», porque quieren desquitarse. Si eso no llama su atención, proceden a la etapa de «exhibición de deficiencia», cuando dejan de preocuparse e interactuar. Francamente, es cuando se rinden.

El noventa y nueve por ciento de los miles de niños con los que he tratado durante todos mis años como psicólogo han mostrado las dos primeras metas del mal comportamiento: atención y poder. Estas son conductas típicas que la mayoría de los padres ven en sus hijos que pueden ser manejadas por los principios de este libro, incluido el cambio en la forma de responder a sus hijos para obtener diferentes resultados.

Estos principios pueden ayudar también a los niños que van más allá de la etapa de poder a las etapas de venganza y exhibición de deficiencia, pero usted necesitará más ayuda de la que este libro puede brindarle. Para cambiar esas etapas, necesitará ayuda profesional, incluso de su médico, que después de un chequeo probablemente lo referirá a un psicólogo o psiquiatra en ejercicio, según su situación.

Así que, en este capítulo, explicaré brevemente las cuatro metas, basadas en los conceptos de Dinkmeyer y McKay, para darle una idea de en qué etapa puede estar su hijo. Los siguientes dos capítulos profundizarán en las dos etapas más comunes: atención y poder.

Meta # 1: Atención

Cada niño anhela la atención de sus padres. Pero el lema del captador de atención es: «Solo me toman en cuenta cuando otros me observan y me sirven».

«Solo me toman en cuenta cuando otros me observan y me sirven».

Es fácil detectar a estos chicos. Es el niño que hala la pierna del pantalón de su madre cuando está hablando con otra mamá. Es la niña de primer grado que no dejará que su padre hable por teléfono sin interrumpirlo para hacerle una pregunta. Es la estudiante de cuarto grado que salta arriba y abajo con la mano en el aire y grita: «¡Elígeme!» en el lapso de recreo.

Es el estudiante de secundaria que recibe el regaño del maestro: «Bueno, Jared, ya hemos hablado al respecto. No puedes hacer eso en clase». Pero lo hace de todos modos porque sabe que así es como llama su atención. Es el estudiante de secundaria que es demasiado celoso con sus compañeros, se mete en situaciones en las que no encaja porque en algún momento del camino se le olvidó desarrollar las convenciones sociales.

Cuando a estos niños se les dice que detengan sus acciones, pueden hacerlo temporalmente. Pero tan pronto como se les quite la atención, comenzarán con el mal comportamiento nuevamente o crearán una nueva mala conducta para volver a llamar la atención.

¿Cómo suelen responder los padres a esos niños? Se molestan. Los padres autoritarios les dirán que detengan ese comportamiento, *ya*. Los padres permisivos les recordarán: «Ahora, cariño, estoy hablando con otro adulto, así que sabes que debes esperar». O dirán algo como: «Si no me interrumpes otra vez, te daré un dulce cuando termine».

Meta # 2: Poder

Cuando una niña no puede llamar la atención mediante comportamientos positivos, pasa a tratar de obtenerla a través del poder. Su lema se convierte en: «Solo me toman en cuenta cuando domino y controlo, cuando otros hacen lo que yo quiero que hagan, cuando quiero que lo hagan y cuando puedo hacer lo que quiero».

También es fácil detectar a esos niños. Es la desafiante niña de tres años que pisa fuerte con el pie y dice: «¡No!». Es el niño de segundo grado que mira a su padre directamente a los ojos y dice: «Tú no eres mi jefe».

Es la estudiante de séptimo grado que le dice a su madre: «que estúpida eres». Es el estudiante de noveno grado que, cuando su padre le dice que deje de golpear la fachada de la casa con la pelota de baloncesto —al jugar en la entrada—, se levanta a medianoche para golpear la fachada con el balón a propósito, despertando a papá y a todos los vecinos con los fuertes golpes.

«Solo me toman en cuenta cuando domino y controlo, cuando otros hacen lo que yo quiero que hagan, cuando quiero que lo hagan y cuando puedo hacer lo que quiero».

Reprimir a esos niños y su impulso por el poder solo lo intensificará. Continuarán con el comportamiento que le enloquece… y lo harán directamente en su cara. ¿Por qué? Porque están motivados a conquistarle. Nada menos los satisfará. Todo lo que diga o haga solo intensifica la situación.

¿Cómo suelen responder los padres a esos niños? Se enojan. Sus hijos desafían su autoridad y hacen descaradamente lo que le han dicho que no hagan. Entonces los padres intentan controlar a su hijo para cambiar su actitud. Las palabras que salen de sus bocas es algo como: «Pequeño mocoso. No vas a salirte con la tuya». O: «¿Ah sí? Bueno, puedo obligarte a hacerlo». O: «Detén eso ahora mismo. Te dije que no lo hicieras. ¿No escuchaste lo que dije?».

Meta # 3: Venganza

Cuando un padre o una madre no responden bien a la meta de poder de un niño, el chico pasa a la tercera etapa: venganza. El lema de su vida se convierte en «Solo me toman en cuenta si puedo lastimar a otros como he sido lastimado yo». En este punto, él sabe que realmente no tiene poder, porque sus movimientos no funcionaron. No recibió la atención que ansiaba aun con comportamientos negativos. Él sabe que los demás no gustan de él; incluso su familia.

«Solo me toman en cuenta si puedo lastimar a otros como he sido lastimado yo».

¿Quiénes son esos chicos? Por lo general, son los mayores, ya que han necesitado tiempo para avanzar de la etapa uno a la segunda antes de llegar a la tercera.

Es la estudiante de sexto grado que ha sido rechazada por sus compañeros debido a sus propios juegos de poder en su grupo de compañeros. Ahora trabaja muy duro para asegurarse de que no agrada a los demás. Usa todo el conocimiento que obtuvo en sus grupos anteriores para comenzar una cuenta de redes sociales donde revela sus secretos y fotos que ellos nunca querrían que otros vieran.

Es el estudiante de décimo grado que tiene una meta en la vida: desquitarse con cualquiera que se le cruce. No importa si esa persona es un hermano, un maestro o incluso alguien que se atrevió a pararse frente a él en la fila de la cafetería. ¿Ese tipo? Se merecía ser golpeado.

Es la estudiante de bachillerato que toma el nuevo Jeep de su padre y lo estrella a propósito, porque presta más atención a ese estúpido auto que a ella.

Es el estudiante de último año de secundaria que intenta suicidarse, ya que hacerlo es la venganza definitiva contra las personas que lo han herido. O emprende un tiroteo en la escuela secundaria local para desquitarse de todos sus compañeros que no lo notaron o lo rechazaron.

¿Cómo suelen responder los padres a chicos como esos?

Los padres más pasivos y permisivos se sentirán lastimados al pensar: *¿Cómo puede mi hija hacerme esto? ¿Después de todo el tiempo y el arduo trabajo que he dedicado a criarla?* También se sentirán culpables. *¿Qué hice mal que ella resultó así? ¿Soy realmente un padre tan terrible?*

El padre autoritario pensará: *¿Así que ese niño cree que puede hacer eso? ¿Sacar lo mejor de mí? Bueno, voy a mostrarle una o dos cosas.*

Y tomará represalias con palabras y acciones. El ataque a ese chico será tan fuerte que podría aplastarlo.

El problema es que debido a que al niño ya no le gusta y quiere que otros no le gusten, la venganza de los padres solo aumenta su objetivo de más venganza. Esto crea un ciclo que es difícil de romper a menos que el padre opte por cambiar primero.

Meta # 4: Exhibición de deficiencia

Si un padre o una madre continúan alimentando la venganza del niño, después de un tiempo este se cansa. Ninguna de sus formas de llamar la atención funciona, así que ¿para qué molestarse en intentarlo? Ha escuchado de una figura paterna hasta la saciedad cuán estúpido e inútil es. También ha absorbido cada una de esas palabras, profundizando aún más su desánimo con la vida. Como no tiene un lugar al que pertenecer, no le queda ningún propósito en la vida, y a nadie parece importarle, adopta un nuevo lema: «No soy bueno. Nadie piensa que valgo nada. No puedo hacer nada bien, entonces ¿para qué hacer algo? Me rindo».

> «No soy bueno. Nadie piensa que valgo nada. No puedo hacer nada bien, entonces ¿para qué hacer algo? Me rindo».

¿Cómo es uno de esos chicos?

Es la alumna de séptimo grado que oculta su rostro con la capucha de la sudadera y camina con la cabeza gacha, con los libros bien apretados frente a ella. No habla con ningún otro chico. Por la noche se droga, porque es el único momento en el que puede escapar de su realidad.

Es el alumno de décimo grado que se dirige a su habitación todos los viernes por la noche y no sale hasta el lunes por la mañana. Ha perdido el apetito, por lo que usted debe convencerlo para que coma cualquier cosa. Incluso las comidas favoritas frente a su puerta permanecen intactas. Lo único que parece importarle es su música que, para ser franco, es deprimente y algo espeluznante.

Es la estudiante de undécimo grado cuyas calificaciones han bajado de A y B a D y F, y no parece importarle. Nada de lo que haga usted la motiva. Ella solo se encoge de hombros y sigue su camino. Es una chica que, en secreto, se corta porque el dolor es lo único que es constante en su vida y lo que puede controlar.

Los chicos que se muestran en la etapa de insuficiencia han sido tan golpeados por la vida y la falta de atención positiva que son pasivos e insulsos. Han sido criticados tanto que ya no reaccionan a nada de lo que usted les diga. Como no hay razón para intentar —o tratar de— mejorar, ¿para qué molestarse? Hacen lo mínimo para sobrevivir porque ya no les interesa.

Se convierten en los jóvenes de veintiún años que se la pasan en las esquinas de las calles, que huyen de casa y deambulan con carteles que dicen: «Necesito comida». Se han rendido por sí mismos. Están tan desanimados que no les queda autoestima. No ven esperanza en la vida. Prefieren sentarse y mendigar que intentar conseguir un trabajo.

¿Cómo suelen responder los padres a esos chicos? Sinceramente, no saben qué hacer con ellos. Han intentado todo para motivarlos, pero todo ha fallado. Se sienten sin esperanza. Debido a que nada de lo que hacen parece ayudar y no ven ninguna luz al final del túnel, también se dan por vencidos.

Los siguientes pasos

Después de leer estas breves descripciones, es probable que tenga una idea de dónde encaja su hijo en el espectro de las cuatro metas del mal comportamiento. La mayoría de ellos estarán en la etapa uno o la dos. Algunos de ustedes tendrán la desgracia de tener hijos en la etapa tres, en la que quieren lastimar a otros, o en la etapa cuatro, en la que quieren lastimarse a sí mismos.

Sin embargo, quiero que sepa algo muy importante: Hoy es un nuevo día. El pasado ha quedado atrás. Puede comenzar de nuevo de aquí en adelante.

No obstante, la transformación comienza con usted. Así que, sea adulto. Tome las riendas. Como usted sabe que el mal comportamiento de sus hijos tiene su origen en lo que ellos son, en la manera en que perciben la vida, su estilo de crianza y en las palabras y acciones que emanan de ello, entonces puede tomar el control para efectuat las correcciones necesarias en el camino que tiene por delante

> *Hoy es un nuevo día. El pasado ha quedado atrás. Puede comenzar de nuevo de aquí en adelante.*

Si ha sido un padre ausente, autoritario o permisivo, puede cambiar eso. Puede convertirse en uno que ejerza una autoridad saludable con su hijo. Puede aprender a atraerlo en vez de alejarlo.

¿Recuerda cuando hablé de mi traviesa perra *cocker spaniel* huyendo con la pieza del rompecabezas para que no pudiéramos completar la imagen? Piense en su hijo como si fuera ese complejo rompecabezas. Ha sido construido pieza por pieza con cada experiencia que ha tenido y la forma en que ha percibido esas experiencias. Pero hay una pieza faltante justo en el medio del rompecabezas. Usted.

Usted es a quien él quiere complacer. Usted es de quien anhela recibir atención. Usted es de quien desea recibir amor incondicional.

Así que no se demore. Completar ese rompecabezas es lo más importante que hará en la vida.

«Mírame»

Qué es un captador de atención y cómo conseguir
que uno le preste atención de la manera correcta.

«¡Mírame!», lo llama su hijo de siete años mientras pende boca abajo del árbol frente a su casa.

«No, mírame a mí. Mira lo alto que puedo saltar», dice más fuerte su hija de nueve años. Ella salta, golpea al árbol y casi derriba a su hermano.

«Oye, deja», dice su hijo.

«No, deja tú», responde su hija.

Y la guerra entre hermanos sigue, todo para su disfrute visual.

O su hijo de doce años entra ostentando su examen de matemáticas con una gran B roja en la parte superior. «¡Mira papá! No reprobé esta vez. ¿No es asombroso?». Y todos celebran puesto que las matemáticas no son el fuerte de ese niño.

A los niños les encanta que les pongan atención. Es inherente a su naturaleza desde la infancia. Y harán casi cualquier cosa para que los vean, especialmente sus padres.

Es por eso que hacen todas las locuras que hacen, como untarse con gelatina verde y correr por la casa gritando: «¡Los extraterrestres han aterrizado!» justo cuando usted está en medio de su conferencia de trabajo por Skype.

Sin embargo, la meta de algunos niños no es solo llamar la atención, sino ser el centro de ella. Si no pueden conseguir su atención, la buscarán en cualquier manera. Después de todo, la atención es lo que les interesa.

Se convertirán en lo que yo llamo «captadores de atención».

Solo me toman en cuenta si...

Su bebé empieza a llorar. Usted entra a la habitación. Su hija de tres años está sosteniendo la mano de la pequeña, que tiene dos semicírculos rojos que parecen unas marcas de dientes.

«¿Mordiste a tu hermana?», dice usted sorprendida.

Su hija de tres años nunca ha mostrado ninguna tendencia a ser mala. ¿Qué pasó?

Un niño que está tratando de llamar su atención de manera activa suele hacer cosas desagradables frente a usted.

Es simple. A su hija de tres años le molesta esa nueva gritería en la casa. Detesta la cantidad de tiempo que usted pasa con «eso» y la falta de atención con ella. Usted solía acurrucarse con ella por la noche y leerle algo. Ahora todo lo que consigue es que la acueste rápidamente en la cama y le diga un «buenas noches» antes de ir a ocuparse de «eso».

Cuando tuvo suficiente con ser ignorada, hizo lo que sabía que la haría acudir corriendo. Le mordió la mano a su hermana, consciente de que la bebé gritaría. Y funcionó. A usted no le agradó, pero acudió corriendo. Y ciertamente le prestó atención.

Si tiene un niño que está tratando activamente de llamar su atención, lo sabrá. Y eso es así porque generalmente hace cosas desagradables delante de usted.

Es su hijo de siete años repitiendo: «¿Podemos, eh? ¿Podemos, eh? ¿Podemos, eh?», como un reloj cucú con trastorno obsesivo-compulsivo para que usted no pueda escuchar las noticias de las diez de la noche. Y no se irá hasta que prometa llevarlo a la tienda al día siguiente para obtener los últimos zapatos deportivos.

Luego está su reina del drama, que piensa que usted nunca le presta atención. «Hola, ¿soy invisible?», dice ella. «Estoy aquí, pero nadie escucha». Y eso fue después de que la escuchó despotricar durante media hora sobre la fulana # 1 de la escuela, que ya no es amiga de fulana # 2, porque una tal fulana # 3 sabía que a un chico le gustaba fulana # 2 y le dijo a fulana # 1 pero no a fulana # 2. Su cabeza deambulaba mientras trataba de seguir la cadena de quién era quién.

O es su hijo de quince años que se queja: «¿Guisantes otra vez? ¿Cómo es que siempre haces guisantes? Solo porque al tonto ese le gustan, ¿por qué tengo que sufrir yo?». Usted lo admite, esta es la segunda vez en la semana que hace guisantes, pero al menos entre esas dos veces hizo el vegetal favorito de su hijo de quince años: judías verdes… sí, los niños tienen vegetales favoritos.

> ¿Es la frase «Deja de hacer eso» muy usada en su vocabulario? Entonces uno o más de sus hijos es un captador de atención.

¿La irrita el comportamiento de sus hijos? ¿Es la frase «Deja de hacer eso» muy usada en su vocabulario? Entonces no tiene que adivinar. Está claro que uno o más de sus hijos es un captador de atención.

El problema es que cuando dice «Deja de hacer eso», solo está afirmando el patrón de captación de atención porque el mal comportamiento está dando resultado. Recuerde, una niña solo continuará con un patrón de conducta siempre que sea beneficioso para ella. Así que, cuando su lema de vida se ha convertido en «Solo me toman en cuenta cuando soy el centro de atención», no puede parar. Ella tiene que seguir luchando por la atención.

Cómo llegan los chicos a ser así

Los primogénitos y los hijos únicos están acostumbrados a ser el centro de atención en el mundo de sus padres. Es por eso que los que tienen ese orden de nacimiento tienen la mayor posibilidad de convertirse en captadores de atención en la familia.

Para los hijos únicos, esa atención casi siempre permanece y, a menudo, se intensifica a medida que el niño crece. Eso es especialmente cierto si uno de los padres tiene ojo crítico y comenta con frecuencia lo que el niño podría hacer mejor o de manera distinta. Y que el cielo ayude a ese niño si tiene dos padres críticos. Con todo ese estrés, lo interiorizará y terminará con úlceras a los veintidós años o se rebelará manifiestamente contra la presión al negarse a ser y hacer lo que sabe que sus padres quieren que haga.

El hijo único no compite con los hermanos, pero a menudo lo hace con las profesiones de sus padres. El hecho de que sea hijo único no significa que reciba más atención de sus padres. A menudo ellos están en el trabajo u ocupados en sus labores.

Para los primogénitos, su centro de gravedad cambia cuando aparecen los hermanos. Esos humanos más pequeños consiguen más atención de sus padres.

Ahí es cuando surgen los problemas. Los primogénitos tienen que trabajar más para llamar la atención. Por lo general, comienzan tratando de pasar por encima de las altas expectativas de sus padres, lo que implica ayudar a sus hermanos menores o esforzarse por ser los mejores en todo. Ya están acostumbrados a que el ojo parental crítico se centre en ellos, pero ahora empeora aún más.

Cuando llaman la atención, a menudo es en forma negativa: «Deberías estar pendiente de tu hermana pequeña. Ella no sabe nada, pero tú sí». O: «Ahora eres el modelo a seguir para tu hermano». Sin embargo, esa primogénita sabe que nunca puede ser perfecta, por lo que está derrotada antes de comenzar. Por mucho que lo intente, no puede obtener tanta atención como antes. El desánimo se instala.

Dado que todas las cosas que solía hacer para llamar la atención, como hacerle un dibujo a mamá o llevarle un café a papá un tranquilo sábado por la mañana, ahora son recuerdos lejanos; tiene que pensar en nuevas formas de llamar la atención. Y puedo garantizar que a sus padres no les gustarán muchas de esas formas creativas de llamar la atención.

Y puedo garantizar que a sus padres no les gustarán muchas de esas formas creativas de llamar la atención.

Los nacidos en el medio están acostumbrados a no tener atención ya que se encuentran entre el mayor, que recibe atención por ser el pionero, y el bebé, que la recibe porque es el más joven, además de ser un artista nato. Es por eso que los nacidos en el medio no se convierten naturalmente en captadores de atención en el hogar. Al contrario, buscan atención en las esferas sociales fuera del hogar, haciendo amigos por todas partes. Es el único —por orden de nacimiento— que usted tiene que hacer todo lo posible para localizarlo, porque no es muy probable que acuda a usted a menos que realmente quiera algo.

A los bebés de la familia les encanta la atención y, naturalmente, la obtienen; ya que son más pequeños e indefensos, de modo que los padres y los hermanos acuden a rescatarlos. La mayoría de los bebés no tienen que esforzarse mucho para obtener esa atención porque casi siempre hacen algo ruidoso, como imitar el galope de un caballo por un pasillo u otra locura, como ver si su lengua puede pegarse a un pedazo de hielo que pende del tejado. Su curiosidad los impulsa a hacer cosas como rociar una caja entera de bicarbonato de sodio en la lavadora.

No obstante, si ese bebé está al final de un largo tren de niños y los padres están cansados, puede sentirse ignorado. Un bebé anhela atención por todo lo que hace. Por el lado positivo, es el niño tierno que es el primero en hablar con la abuela por teléfono y organizar fiestas de cumpleaños para sus hermanos. Pero si le falta atención por hacer cosas positivas, rápidamente recurrirá a travesuras que le obligarán a usted a prestar atención.

Debería saberlo, porque yo era ese bebé de la familia que hacía exactamente eso para llamar la atención de mis padres. Y debido a que tendía a experimentar menos consecuencias por mi comportamiento, como muchos bebés de familia, continué con ese comportamiento. Cuando reflexiono en todas las cosas que hice, me maravilla que mi santa madre se haya mantenido así, santa. Ella iba a la oficina del director de la escuela mucho más que yo.

La gran mayoría de los niños de hoy son captadores de atención. Pídale a cualquier maestro que le confirme eso.

«Anthony, por favor, no patees la silla de Amanda», dice una maestra de tercer grado.

Él levanta la vista. «Ah, está bien».

Pero cinco minutos después vuelve a hacerlo, mirándola para ver si se dio cuenta.

Mark es el payaso de la clase del primer año. «Él nunca toma nada en serio», le dice el subdirector. «El otro día, justo en medio de su prueba de ensayo en inglés, saltó, gritó y comenzó a bailar por el pasillo. Molestó a todos los otros estudiantes».

Usted no se sorprende. Ese es su hijo, así es.

Sin embargo, lo que no ve es *por qué* está interrumpiendo esa clase. Puede que no parezca serio, pero en el fondo está desanimado. No es lo suficientemente bueno en nada como para compararse con los otros niños, por lo que debe hacer algo que demuestre que es peculiar.

Lo que hacen la mayoría de los padres

Cuando se enfrentan a un comportamiento negativo que trata de captar la atención de ellos, la mayoría de los padres tienden a los extremos.

- Ignoran al niño que los vuelve locos. Se cubren los oídos y cantan algo como «La-la-la-la, no puedo oírte, no puedo verte, no estás aquí».
- Establecen la ley. «Te dije que dejaras de hacer eso, así que detente. No te lo voy a decir otra vez».
- Exigen más. «Si vuelves a hacer eso, lo haré...» y lo que sigue es una amenaza.

Ninguno de esos extremos ayuda a resolver la razón del mal comportamiento. Solo lo acentúa porque el niño se desespera más y decide que lo tomen en cuenta. También enciende sus propias emociones y es más probable que pierda el control.

> Cualquier reacción suya alienta a su hijo a repetir su conducta.

Cualquier reacción suya alienta a su hijo a repetir su conducta. Si ignora ese comportamiento que llama la atención, establece una ley o exige más, tendrá las características de un niño impulsado por el poder, que es el tema del próximo capítulo.

Lo que los padres deben hacer

Cada marzo o abril, un amigo mío de la infancia y yo intentamos hacer un viaje de pesca juntos. Usamos pequeños anzuelos sin púas para ser amables con los peces, y la mayoría de las veces vuelven al agua a menos que sea una gran trucha que sirva para una gran cena.

Hay una cosa que aprendí hace mucho tiempo. Si quiero atrapar esa trucha grande y hermosa, no puedo sacudir la línea. Tengo que jugar con ella y atraer el pez con mucho cuidado.

También debe pescar con cuidado los corazones de sus hijos para mantenerlos en su estanque y no en el de otra persona. Entonces, ¿qué puede hacer usted si su hijo es un captador de atención?

Ponga especial atención a las cosas positivas que hace su hijo y menciónelas en privado.

¿Quién no aprecia un cumplido? Ayudará mucho a sanar el desánimo de su hijo. Cuando usted habla con él en privado, le hace una atención extra —especial— solo para él, que sus hermanos no reciben. Pero la atención es para el comportamiento positivo, no el negativo. Eso incentivará a su hijo a hacer cosas más positivas, ya que sabe que le está prestando atención por esas cosas.

- «Aprecio la forma en que limpiaste la leche en el mostrador después de verter el cereal».
- «Vi lo que hiciste por tu hermana. Cuando estaba llorando, la abrazaste y le dijiste: "Todo va a estar bien". Fue muy tierno de tu parte».
- «Significa mucho para mí que recuerdes alimentar a nuestro periquito todas las mañanas. Parece que te importan mucho los animales».

Cada vez que su hijo haga algo positivo, recuerde sonreír y decirle: «Gracias. Realmente aprecio eso y a ti».

Cuando su hijo exija atención, no se la dé al instante.

Si está hablando por teléfono cuando su hijo comienza con su espectáculo para llamar su atención, váyase a otra habitación y deje que continúe solo. Si está halándola, exigiendo atención, termine lo que está haciendo primero.

Explore los intereses de su hija con ella.

Cuando los niños buscan atención, lo que dicen es: «Te quiero en mi mundo y no paso suficiente tiempo contigo». Por mucho que le moleste ese mal comportamiento, también son buenas noticias. Usted, a su hija, realmente le gusta y le ve como la persona más importante, la número uno.

Cuando su hija no se esté portando mal, comente sobre un interés que parezca tener. Por ejemplo: «He notado cuánto tiempo pasas en el patio trasero. Parece que encuentras muchos insectos y hojas interesantes. La próxima vez que encuentres uno, me encantaría verlo».

Mostrar interés en el mundo de su hija también la desvía de la búsqueda de atención en forma negativa. Cuando se concentre en encontrar insectos y hojas en el patio trasero, no pellizcará a su hermano, ni peleará con su hermana ni tratará de atraerle a usted.

Destaque la singularidad de su hija en su familia y aliéntela a contribuir.

Los niños que se sienten perdidos en la confusión no buscarán tanta atención si usted, naturalmente, se las da. Piense en cada uno de sus hijos. ¿Qué contribuciones pueden hacer de manera única a su familia?

Quizás su hija de doce años sea una principiante cocinera creativa. ¿Por qué no pedirle que haga una merienda para la familia? En el proceso, ella puede disfrutar del foco de su atención positiva. Puede estar pensando: *Ah, mamá se dio cuenta de que me gusta la cocina. Tal vez pueda intentar hacer algunos biscochos de chocolate con glaseado de menta. A todos en la familia les gusta el chocolate y la menta.*

En poco tiempo, estará tan ocupada pensando en recetas que no tendrá tiempo para travesuras. Y cuando haga algo bueno, incluso sus hermanos podrían felicitarla. Eso ayudaría a la dinámica familiar en general.

El mejor antídoto para el comportamiento que trata de captar la atención es prestarla de manera positiva.

Rebobinemos

Veamos esas tres situaciones anteriores, en el capítulo, y repitámoslas con una respuesta de atención positiva.

El reloj cucú de siete años

Es su hijo de siete años repitiendo: «¿Podemos, eh? ¿Podemos, eh? ¿Podemos, eh?», como un reloj cucú con trastorno obsesivo-compulsivo para que usted no pueda escuchar las noticias de las diez de la noche. Y no se irá hasta que prometa llevarlo a la tienda al día siguiente para obtener los últimos zapatos deportivos.

Su respuesta: los ojos de usted no se mueven de las noticias, por muy duro que sea. Cuando aparece un comercial, se voltea hacia él y le dice:

—No, no podemos ir mañana.

—¿Por qué?

Si pudiera hacer un seguimiento de cuántas veces ese niño dijo: «¿Por qué?», usted sería tan brillante como Albert Einstein o Stephen Hawking.

—Podríamos haber ido mañana, pero elegiste interrumpirme cuando se supone que debes estar en la cama.

—Pero papá…

—Ahora, si me preguntas amablemente en un día o dos, cuando no esté ocupado, podría tener una respuesta diferente. Buenas noches —y vuelve a mirar la televisión.

Esa respuesta puede sonar negativa al principio. Era demasiado difícil ignorar su comportamiento tipo reloj cucú, por lo que usted optó por esperar y abordarlo durante el anuncio comercial. No recibió una recompensa por su comportamiento negativo. No habría viaje a la tienda. Pero usted introdujo el concepto de que preguntar bien y durante un tiempo apropiado obtendría una respuesta diferente.

Buen trabajo en reentrenar a ese chico.

La reina del drama

Su reina del drama piensa que usted nunca le presta atención. «Hola, ¿soy invisible?», dice ella. «Estoy aquí, pero nadie escucha». Y eso fue después de que la escuchó despotricar durante media hora sobre la fulana # 1 de la escuela, que ya no es amiga de fulana # 2, porque una tal fulana # 3 sabía que a un chico le gustaba fulana # 2 y le dijo a fulana # 1 pero no a fulana # 2. Su cabeza deambulaba mientras trataba de seguir la cadena de quién era quién.

Su respuesta: «Ahhh, eso es gracioso. Acabo de oírte decir...», y le repite la enredada conversación que creía haber escuchado durante la última media hora. Mientras usted divaga, ella comienza a parecer confundida.

Usted no aborda sus comentarios infantiles de que es «invisible». No le lanza a la cara algo como: «Jovencita, ¿qué quieres decir con que no estaba escuchando? Te he estado escuchando durante media hora». Al contrario, la cubre con sus propias palabras, luego se aleja, dejándola atónita ya que no le dio la oportunidad de intervenir.

Más tarde, usted elige una cosa de su larga monserga para comentar: «Antes mencionaste lo mal que te sentías por tu amiga cuando no sabía que ella le gustaba a un chico. Estabas avergonzada por ella. Eso demuestra que tienes un corazón tierno. Lo vi esa vez que las otras chicas estaban molestando a la muchacha nueva de tu clase, y la invitaste a venir a nuestra casa después de la escuela...».

Usted ha reenfocado su comportamiento negativo en una dirección positiva, en alguien que no sea ella misma. Cada miembro del grupo hormonal necesita una buena dosis de eso.

Su hijo de quince años es enemigo de los guisantes

Su hijo de quince años se queja: «¿Guisantes otra vez? ¿Cómo es que siempre haces guisantes? Solo porque al tonto ese le gustan, ¿por qué tengo que sufrir yo?». Usted lo admite, esta es la segunda vez en la semana que hace guisantes, pero al menos entre esas dos veces hizo el vegetal favorito de su hijo de quince años: judías verdes.

Su respuesta: «Ah, creo que tienes razón. Comimos guisantes dos veces esta semana».

Es una declaración simple y directa que ignora sus comentarios del «tonto ese» y «sufrir». Usted vuelve a su cena. «Ahh, qué sabroso».

Usted no le da a su hijo lo que está buscando: una pelea familiar. Sus esfuerzos quedan tan aplastados como los guisantes en su plato.

Más tarde, se da cuenta de que él está abajo haciendo ejercicios y que está empezando a tener lo que parecen ser músculos. «Estoy impresionado. Lo que estás haciendo requiere mucha disciplina y lo has estado haciendo todas las noches durante dos semanas. También parece que estás investigando diferentes dietas para desarrollar más músculos. Me gustaría saber más sobre eso cuando estés listo para contarme».

> Usted no le da a su hijo lo que está buscando: una pelea familiar.

Usted empieza a alejarse, pero luego se voltea y regresa. «Si encuentras una buena verdura que no sean guisantes y judías verdes, avísame. Tal vez podamos tenerla para la cena la próxima semana».

Y así es como lo hace. El sentido del humor contribuye mucho en la crianza de los hijos. Al igual que apreciar a sus hijos por lo que son, resaltar las cosas positivas que hacen y alentarlos en sus intereses.

Una de las mejores cosas que puede decirle a un chico es: «Trabajaste muy duro en eso. Eso tiene que sentirse bien».

Este tipo de comentario refuerza cuatro bases: les otorga atención positiva, aumenta su autoestima, comienza a transformar su lema de vida —«Solo me toman en cuenta cuando»— y hace crecer su relación con su hijo.

Ahora, eso es un jonrón.

«Hay un nuevo alguacil en la ciudad»

Qué es un niño impulsado por el poder y cómo dirigir eso en una dirección positiva.

«Tengo tres adolescentes», me dijo Jana, una madre exhausta. «Una me trata como si estuviera en la tierra para servirla. Simplemente no puedo hacer lo suficiente para hacerla feliz. Con la otra tengo que caminar de puntillas, temerosa de provocar cambios de humor porque son como huracanes que descienden sobre la casa. El otro es mi hijo, tan bocón y sarcástico que apenas puedo soportarlo. La sala de nuestra casa es la zona cero. Estoy harta de los gritos y los portazos. Realmente necesito ayuda».

Lo que Jana necesitaba eran unas vacaciones sola en Maui... además de un plan a establecer con sus adolescentes. Tenía tres hijos impulsados por el poder y ellos tenían la ventaja. Conocían las debilidades de ella y cómo manipularlas. Pero cuando la ayudé a comprender por qué sus hijos hacían esas cosas y cómo crear su propio plan de acción, se dio cuenta de que no tenía que caer en sus estrategias secretas.

Tampoco usted.

Sus poderosos hijos pueden manipularlo las veinticuatro horas del día, los siete días de la semana si los deja. ¿Toda esa pelea en su sala de estar? Es para involucrarlo innecesariamente en su guerra.

Recuerde que todo comportamiento social tiene un propósito. Si no hay una recompensa, los niños no harán lo que hacen. Para los niños impulsados por el poder, su comportamiento intencional es el resultado de su lema subconsciente de vida: «Solo soy tomado en cuenta en la vida cuando tengo el control y otras personas hacen lo que quiero, cuando quiero».

Jana se estaba agotando tratando de cumplir con las demandas de todos sus hijos. Algunos de ustedes pueden identificarse con eso, por lo que están leyendo este libro. Ya sean niños pequeños o adolescentes, los chicos impulsados por el poder pueden ser realmente agotadores.

De dónde vienen los chicos impulsados por el poder

Los adolescentes impulsados por el poder no se crean de la nada. Alguien en su casa les enseña a ser poderosos. ¿Podría ser usted esa persona?

Cuando sus hijos no actúan de la manera que quiere, ¿siente ese «impulso» de mostrarles quién es el jefe? Si es así, tiende al modelo *autoritario* de crianza de los hijos: «Yo sé lo que es mejor para ti y es mejor que hagas exactamente lo que digo cuando lo digo». Has hecho un buen trabajo mostrándoles a esos niños cómo funciona el poder y enseñándoles a ser poderosos.

Cada vez que me encuentro con un chico impulsado por el poder, sé que hay un padre impulsado por lo mismo en casa... o tal vez dos. Al igual que dos cabras machos, se cornearán en primavera y en cualquier otro momento.

Si usted, como Jana, quiere que sus hijos sean felices y anda de puntillas temiendo sus estados de ánimo, usted es un padre permisivo, de esos que dicen: «Lo que quieras, querido».

Ambos extremos son problemáticos. El padre *autoritario* toma decisiones por su hijo, provocando una rebelión interna o externa y promoviendo una falta de habilidades para resolver problemas. El padre *permisivo* no deja que su hijo adolescente experimente los resultados de sus acciones.

Sin embargo, si usted ejerce una autoridad saludable con respecto a su hijo, será más inteligente, ¿verdad? Para criar a un adulto equilibrado que no solo piense en sí mismo, sino que sea amable y se preocupe por los demás, hay algunas cosas que debe hacer:

- Permita que su hijo tome decisiones apropiadas para su edad, de forma que aprenda a hacerlo.
- Establezca límites para mantenerlo a salvo, pero no lo mime.
- Permítale experimentar las consecuencias de la vida real en lugar de vivir en un mundo de fantasía.
- Proporciónele oportunidades para que se haga responsable.
- Escúchela y apóyela, pero nunca haga por ella lo que debería hacer por sí misma.
- Permítale tomar decisiones erradas y experimentar las consecuencias negativas dentro de los confines amorosos de su hogar.

Los estilos de crianza «yo sé lo que es mejor» y «lo que quieras, querido» no producen un niño sano. Producen niños momentáneamente felices que se salen con la suya cuando usan su poder para manipular a otros, pero también chicos muy infelices e insanos que no pueden salir adelante en el mundo real cuando las cosas no les salgan bien.

Los chicos que con su comportamiento dicen: «Solo me toman en cuenta cuando otros notan que existo y me prestan atención», se desaniman y pasan a la siguiente etapa de poder. Su lema se convierte en «Solo me toman en cuando gano, controlo y domino a los demás».

Ellos son los niños que:

- le dan una concesión cuando necesitan sacarle de su caso
- le miran desafiantes a los ojos, luego salen por la puerta y se van a esa fiesta a la que les ha dicho que no vayan
- le manipulan con lágrimas en sus ojos azules para que haga lo que le piden
- fingen indefensión para que usted haga lo que ellos deberían estar haciendo (sus quehaceres, su tarea, alimentar a su mascota lagartija)

Y no, esos dos últimos en la lista no fueron un error. ¿Sorprendido? Déjeme explicarle por qué.

Los chicos poderosos vienen en diversos tamaños y paquetes

Arlene tenía solo cinco años cuando sus padres la llevaron a mi oficina. Se escondió tras la seguridad de la pierna de su madre, mirándome. No fue hasta que su padre la apartó de su madre y la dejó caer como un paquete en una silla que, realmente, pude ver qué aspecto tenía.

Para lograr algo con ella, tuve que sugerir amablemente que los padres se quedaran afuera.

Cuanto más hablamos Arlene y yo, menos audible se hacía su voz. Me encontré inclinándome más y más cerca para escuchar lo que estaba diciendo. En poco tiempo, estaba al borde de mi silla.

De repente me di cuenta. Soy psicólogo, después de todo. Esa niña me tenía hechizado con su dedo.

Al fin, le dije: «¿Estás tratando de llevarme al piso?».

«Sí», dijo con una sonrisa.

Yo lo llamo el «reflejo de reconocimiento», o revelar el objetivo del comportamiento del niño.

Si alguna vez he visto una niña impulsada por el poder, era Arlene. Y sus padres, que tenían títulos de maestría, no tenían idea. Habían pasado media hora explicándome qué niña tan «sensible» era y cómo tenían que tratarla con tanto cuidado. Estaban preocupados porque ella no se había adaptado bien al kínder ni al jardín de infantes en absoluto.

Es fácil detectar a los niños ruidosos impulsados por el poder. Eso se debe a que son... bueno, ruidosos. Pero los niños impulsados por el poder también vienen en paquetes que quizás usted no considere poderosos.

Lo que esos padres consideraban sensibilidad y timidez era poder.

Los padres de Arlene estaban en el trabajo o viajando mucho, por lo que ella había pasado mucho tiempo con una niñera que vivía en casa. Cuando sus padres estaban en el hogar, después de un abrazo inicial, no le prestaban mucha atención.

Ella descubrió muy temprano que «comportarse mal», como lo llamaban sus padres, no la llevaba a ninguna parte, excepto a su habitación, lo que significaba un mayor aislamiento de ellos. Con tanta falta de atención, tuvo mucho tiempo para descubrir cómo manipularlos.

Ah, así que se preocupan si me callo y actúo con tristeza. Sé cómo trabajar eso.

Papá detesta que llore. Me da regalos.

> *Es fácil detectar a los niños ruidosos impulsados por el poder. Eso se debe a que son... bueno, ruidosos. Pero los niños impulsados por el poder también vienen en paquetes que quizás usted no considere poderosos.*

Si actúo con timidez, mamá me excusará ante la gente y no tengo que hacerlo yo.

Si actúo como si tuviera miedo, no me obligarán a ir a la escuela.

Todo lo que tengo que decir es: «Mami, te amo. Quédate conmigo», y ella se quedará en casa.

Arlene había descifrado a sus padres y estaba ordeñando ese descubrimiento por todo lo que valía. Había progresado rápidamente, pasó de ser una niña que llamaba la atención a una pequeña impulsada por el poder. Pero debido a que no era ruidosa, ni hacía berrinches ni gritaba, sus padres asumieron que había algo psicológicamente mal en ella.

Lo que haría si...

Little Meadow está sentada en la mesa de Acción de Gracias. Ella no puede encontrar nada que decir sobre la comida, excepto: «Eso luce repugnante. No quiero eso. Es asqueroso».

Es una letanía muy trillada. La niña se queja constantemente de la comida. Nada la agrada nunca.

Por lo tanto, ¿qué hace usted como su padre? Intentó decirle: «Cómelo. Es bueno para ti. Crecerás y llegarás a ser tan grande como tu padre, que tiene sesenta kilogramos». También le ha explicado acerca de las personas en Bangladesh a quienes les encantaría tener una comida como esa. Pero ninguna de esas afirmaciones significa algo para esa niña, ni la convencerían para que cambiara de opinión.

No hay nada de malo con tener una opinión. Pero hay una manera correcta y un momento adecuado para expresarla. Si usted toma en serio cambiar ese mal comportamiento, hará una de estas tres cosas:

1. Excúsela y sáquela de la mesa. Dígale que regrese cuando haya escrito diez cosas específicas por las que está agradecida por este Día de Acción de Gracias.

2. Envíela a su habitación por un período de tiempo establecido (por ejemplo, media hora). Cuando regrese a la mesa, la mayoría de los alimentos se acabarán y la cena estará a punto de terminar, pero aún puede unirse a la comida familiar.

3. Si tiene un pequeño juez Judy, prohíbale toda la cena de Acción de Gracias, incluida la tarta de calabaza con la crema batida que sabe que es su favorita. Si la culpa comienza a atacarle, recuerde lo que dice su madre: «¿No son ricas las sobras?». Little Meadow degustará lo de hoy... mañana.

¿Resultado? No coopere con su hijo en la pelea.

Usted no puede hacer que un niño coma. Pero puede establecer circunstancias en las que comer sin quejarse sea una buena opción por parte del niño. O podría hacer lo que acostumbran la mayoría de los padres: decirle que se calme, que se coma su comida y que se prepare para seguir el lloriqueo, el alboroto y la batalla desde ahora hasta el próximo Día de Acción de Gracias.

Ahora, ¿qué preferiría hacer?

Los niños bruscos, injuriosos, con el «síndrome de princesa o príncipe», son fáciles de identificar como poderosos. Su comportamiento esencialmente empuja a los padres y los hace no solo prestar atención sino que hacen exactamente lo que sus hijos quieren que hagan. Pero los más tranquilos que controlan la atmósfera de la casa con sus estados de ánimo, sus lágrimas y los gestos con sus dedos son igualmente poderosos.

Cómo actuar cuando se portan mal

Aunque parece contrario a cómo actúan, los niños poderosos necesitan límites o el hogar no se sentirá seguro. Su autoridad debe ser equilibrada y amorosa, pero dirigida en pro de su bienestar a largo plazo. ¿Cómo puede ser usted el mejor padre de unos niños impulsados por el poder cuando se portan mal? Aquí tenemos cuatro estrategias clave.

Hágalos responsables.

Su hijo llega tarde a la escuela por tercera vez en dos semanas. Usted lo ha rescatado con mentiras blancas en notas anteriores, pero esta vez dice la verdad: «Llegó tarde porque se quedó dormido. Haga lo que se hace con los niños que llegan tarde».

Sí, él está enojado con usted y avergonzado porque recibió una detención, pero su negativa a rescatarlo del desastre que creó es un regalo a largo plazo, lo que le muestra que sus acciones son importantes. Libérelo de la consecuencia ahora y su comportamiento deliberado de irresponsabilidad continuará.

No retroceda.

Los comentarios sarcásticos de su hijo durante el desayuno son exagerados. Después de la escuela, corre a casa para cambiarse de ropa y así llegar a su encuentro de lucha libre en el pueblo aledaño.

Usted guarda las llaves del auto. «No aprecio lo que dijiste esta maña-na ni cómo lo dijiste, así que no irás a tu encuentro de lucha libre».

Él intentará de todo: suplicar, gritar, una débil disculpa, pero usted no retroceda.

Sí, es una noche difícil porque él se pierde su encuentro. Su entrenador tiene más de unas pocas palabras airadas para él a través del celular, y sabe que tendrá problemas más profundos al día siguiente. Pero usted está consciente de que si se rinde ahora, el plan de control del chico funcionará. Continuará dominando su casa con su boca irrespetuosa.

Deje que la realidad sea la maestra.

Su hija pasa la noche enviando mensajes de texto, hablando y riéndose con sus amigas en vez de estudiar para su examen de francés. El resultado es una nota en rojo. La maestra la obliga a volver a presentar el examen cuando se supone que debe estar animando un partido de baloncesto después de la escuela. Está furiosa por lo injusta que es la vida.

Usted guarda silencio y deja que la realidad y sus amigas sean las que hablen.

Percátese de que se necesitan dos para bailar un tango.

Sus hijas están peleando por una prenda de ropa andrajosa. Tras-ladan su algarabía a donde usted está. Puesto que están luchando por llamar su atención, retírese con un simple: «Estoy seguro de que pueden resolver eso».

Luego les da la espalda, mantiene la cabeza erguida y se aleja.

La próxima vez que sus hijos hagan un juego de poder, piense: ¿Qué hago normalmente? ¿Qué haré diferente esta vez?

Si desea cambiar el comportamiento de ellos, comience ajustando el propio.

Los ejercicios de poder no son divertidos sin una audiencia.

Disciplina básica

Qué es (y qué no es), por qué el castigo no funciona nunca y por qué la disciplina de la realidad es la manera de proceder.

Imagínese por un momento que usted es una oveja en la ladera de una colina. Yo soy su pastor por el día. Reviso mi iPhone y veo que el clima está cambiando rápidamente. Para mantener el rebaño seguro y seco, tengo que mover a todas sus compañeras ovejas y a usted del punto A al punto B.

Yo digo: «Oigan, ovejas, escuchen. Por su bien, tenemos que pasar del valle A al valle B. Vamos a empezar. Solo síganme».

¿Qué es lo siguiente?

Algunas de ustedes cruzarán sus brazos lanudos y dirán: «No, no voy a ir. No tengo ganas».

¿Cómo se sentiría si le golpeara por un lado con un palo para que se moviera en esa dirección?

Sí, puede moverse, pero ciertamente no estaría contento con eso. Estaría molesto conmigo por dentro, aun cuando me obedeciera por fuera.

Con todo lo lindas y suaves que son —además de esos ojos grandes que tienen—, las ovejas no son exactamente brillantes. Tampoco lo son los hijos de usted ya que, con el debido respeto, todavía no tienen mucha experiencia en la vida.

Muchas personas crían a sus hijos de esa manera y afirman que, tarde o temprano, se arreglarán.

O qué pasaría si el pastor dijera: «¿Saben?, tengo una sugerencia. El clima no es muy bueno y creo que deberíamos mudarnos a otra parte... si están de acuerdo, quiero decir».

¿Cree que esas ovejas se moverían? Nooo. Lo ignorarían y seguirían comiendo hierba en la ladera.

Las ovejas y los niños no responderían bien en ninguna de las dos situaciones.

Sin embargo, digamos que esta escena ocurrió donde crecí en el norte del estado de Nueva York, a lo largo del poderoso río Niágara que fluye hacia esas majestuosas caídas en el lago Ontario. Si esas ovejas fueran conducidas a lo largo de las aguas que fluyen rápidamente y una cayera, ¿qué pasaría con las otras noventa y nueve?

La seguirían, como hacen las ovejas. Especialmente porque, con todo lo lindas y suaves que son —además de esos ojos grandes que tienen—, no son exactamente brillantes. Tampoco lo son los hijos de usted ya que, con el debido respeto, todavía no tienen mucha experiencia en la vida.

Pronto todas esas ovejas se tambalearán con la corriente del gran Niágara. En poco tiempo, una le dirá a otra: «Oye, ¿qué es esa niebla ahí abajo? ¿Ves lo que yo veo? ¿O es mi imaginación?».

Flotarán alrededor de una curva y descubrirán las Cataratas del Niágara, y ese será el final de las ovejas.

A veces usted tiene que decirles a sus hijos: «No, no vas a caminar junto a ese río furioso. No irás a ese lugar para pasar el rato con los otros niños».

«¿Por qué?», dispararán inevitablemente en dirección a usted. «Todos los demás lo hacen».

«Porque te amo, porque tú eres mi oveja y no la de alguien más. *Beee...*».

¿Captó lo que dije con esa importante frase? «Tú eres mi oveja y no la de alguien más». Todo lo que sucede entre su hijo y usted, crea e impacta su relación, incluida la forma en que lidia con el mal comportamiento.

Qué es y qué no es realmente la disciplina

Cuando usted piensa en disciplina, ¿qué le viene a la mente? Algunos de ustedes, crecieron con la idea de la disciplina como castigo; a menudo en forma de algo doloroso —infligido en la parte trasera— o de amenaza con ser castigado sin poder salir.

El castigo, sin embargo, no funciona nunca. Lo que usted *piensa* con respecto al mal comportamiento de su hijo es de vital importancia. Si piensa en su conducta como «mala» y lo etiqueta a él como «malo» por actuar de la manera en que lo hace, solo habrá una cosa en su mente: represalia y venganza.

¿Cómo pudo tratarme así? Soy su madre.

Este muchacho necesita aprender una lección. ¿Cómo puedo forzarlo a que se someta para que nunca vuelva a hacerlo?

Ah, entonces quieres jugar de esa manera, ¿verdad? Bueno, lo que me des, te lo devolveré y con creces. Solo observa.

El castigo a menudo se aplica demasiado rápido, sobre la marcha o al calor del momento. Es una reacción intestinal más que una respuesta planificada. A menudo, el castigo supera con creces al delito.

¿Alguna vez ha castigado a su hijo con no poder salir durante una semana? ¿Cuánto duró eso? ¿Un día? ¿Unas pocas horas, hasta que el niño que estaba en casa todo el tiempo hizo que usted enloqueciera?

Verá, los niños saben cuándo no podemos cumplir nuestras amenazas. Simplemente esperan a que se nos baje la temperatura y nos quedemos tranquilos en alguna parte. Pero ¿aprenden algo?

153

Pues sí. Aprenden a manipularnos aún más porque ahora saben que volaremos fuera de control y no cumpliremos nuestras amenazas.

En cambio, ¿qué pasaría si usted pensara que el mal comportamiento es simplemente un proceder que va en la dirección equivocada y necesita un giro de ciento ochenta grados por el bien del niño?

Si piensa en eso como la definición de mal comportamiento, estará menos acalorado y reactivo en el momento. Contará hasta diez antes de abrir la boca y meter el pie. Esperará un momento apropiado antes de decir en voz baja: «No aprecio lo que hiciste. Tenemos que hablar de esto después de la cena. Iré a tu habitación a las siete en punto para discutirlo».

> ¿Qué pasaría si usted pensara que el mal comportamiento es simplemente un proceder que va en la dirección equivocada y necesita un giro de ciento ochenta grados por el bien del niño?

Eso está muy lejos de decir: «¿Cómo puedes hacer eso? Qué idiota eres. Hablaremos de esto más tarde y entonces vas a entender realmente». Establezca un límite de tiempo y dese un poco de espacio para pensar en un plan que sea viable, no en una invención de castillos en el aire que no pueda cumplir.

El castigo dice: «Si no haces esto ahora, te haré pagar y en grande». Por el contrario, la disciplina es un plan de acción reflexivo y destinado —no a infligir dolor, sino— a dar forma al futuro del niño considerando su bien a largo plazo (así como el del resto del planeta). La acción de seguimiento se ajusta y no excede el delito. Pone la propiedad de la mala conducta exactamente donde pertenece: en la cancha del infractor.

Usted no se roba la bola de la mala conducta y pasa ilegalmente con ella a su lado de la cancha. No intente reparar el daño en nombre de su hijo para que no se sienta avergonzado, incómodo ni desconcertado. A veces los chicos necesitan sentirse incómodos para cambiar.

Tampoco puede golpear la pelota en la cabeza de su hijo por ese mal comportamiento. Usted no lo clava en el suelo hasta que detenga ese comportamiento y que obedezca.

Si utiliza el castigo como una técnica en la crianza de los hijos y ha experimentado algún abuso en su pasado, existe un riesgo aún mayor de que pueda descontrolarse y salir de los límites seguros al tratar con sus hijos. Por eso es fundamental utilizar la disciplina en vez del castigo. Mantener el control de sus emociones y lidiar con el problema de manera directa es fundamental.

En pocas palabras, el castigo es algo que le hace al niño. La disciplina es algo que hace usted mismo en beneficio del niño.

> *La disciplina es un plan de acción reflexivo y destinado —no a infligir dolor, sino— a dar forma al futuro del niño considerando su bien a largo plazo (así como el del resto del planeta).*

¿Reacciona usted o responde?

Si está tomando un medicamento y comienza a reaccionar, es malo. Si responde a eso, es bueno.

Hay una gran diferencia entre *reaccionar* y *responder* en la crianza de los hijos. Cuando usted *reacciona*, actúa al calor del momento, sin involucrar su cerebro primero. Hace lo que sale naturalmente, lo que —nueve de cada diez veces— no es la mejor acción para usted ni para su hijo.

Usted lo regaña con algo como lo siguiente:

- «Eres tan increíblemente estúpido. No puedo creer que seas un Smith».
- «Debería haber sabido que no puedo confiar en ti».
- «Tu hermano nunca hubiera hecho eso».
- «Si me vuelves a hablar en ese tono, voy a...».
- «Lo siento, no es suficiente. Si haces eso de nuevo...».
- «¿No puedes hacer nada bien? ¿Siquiera una vez?».
- «Faltas a una cena familiar más y te desheredo».

155

Las reacciones están llenas de insultos de los que luego uno se siente culpable y de amenazas que nunca podrá cumplir. Las interacciones ridículas y las consecuencias destruyen su relación con su hijo, que piensa: *Si crees que soy un idiota, quieres desheredarme y no confías en mí, ¿para qué debo siquiera intentarlo?*

Después del suceso, la culpa que usted siente por perder el control le lleva a hacer todo tipo de tonterías, como comprar regalos a su hijo para tratar de recuperar su afecto o hacer promesas que nunca cumplirá, tales como: «Lo siento mucho. Eso fue exagerado. Nunca volveré a decir algo así». Sin embargo, lo hace, incluso un día o dos más tarde.

Abrir su boca para meter el pie nunca es un proceso productivo.

Las reacciones provocarán que los niños hambrientos de atención pasen a la etapa dos, convirtiéndose en chicos impulsados por el poder y que *hacen* que les preste atención. Luego, si aún no les presta la que anhelan, que es amarlos lo suficiente como para disciplinarlos —en lugar de castigarlos— pasan a la etapa tres, en la que ya no les importa lo que piense ni diga. Todo lo que quieren es venganza y buscan tomar represalias contra usted y contra cualquier otra persona en el mundo que sientan que los ha lastimado, menospreciado o ignorado.

Sin embargo, cuando usted *responde* al mal comportamiento de su hijo, retrocede ante el calor del momento y cuenta hasta diez antes de decir o hacer algo. En esos pocos segundos, respira profundamente y permite que su cerebro se active.

Todos queremos una buena educación para nuestros hijos. Recuerde, los niños modelarán lo que ven. ¿Qué les está enseñando a sus hijos? ¿Está haciendo lo que sus padres hicieron? ¿Está viviendo, de manera proactiva, una vida disciplinada? Los niños miran y aprenden de usted.

Algunos «expertos» en estos días aconsejan ponerse en contacto con sus sentimientos y seguirlos. Ese es un consejo terrible. Si usted y yo siguiéramos nuestros sentimientos durante treinta días, seríamos compañeros de celda en la cárcel del estado.

Alguien se le atraviesa en el tráfico de la autopista; usted sigue sus sentimientos y lo embiste por detrás. Alguien del sexo opuesto le parece bien; corre y lo abraza.

No se puede vivir así.

En cambio, tómese esos preciosos diez segundos para pensar: ¿Qué solía hacer en esta situación? X, X y X. ¿Fue útil? No. Entonces, ¿qué debo hacer diferente esta vez?

Esa es una manera mucho mejor de vivir.

También mantiene el foco en el hecho en lugar de centrarlo en la persona. Aún si no le gusta el mal comportamiento de su hijo, nunca debe denigrarlo. ¿Le gusta que lo llamen «estúpido» o «idiota» o algo remotamente parecido a eso? Bueno, tampoco a su hijo.

¿Qué es la disciplina de la realidad?

La disciplina de la realidad centra la atención en el mal comportamiento, no en el niño, y brinda consecuencias en la vida real para ese proceder. La persona que disciplina mantiene el control. No emite amenazas. No disculpa la conducta. En cambio, la disciplina de la realidad pone la responsabilidad de la acción directamente donde debe estar, en la esquina del actor (que en este caso es su hijo).

¿Cómo funciona?

Su hijo de doce años es altanero, pero él mismo superó su récord este sábado por la mañana. Usted es una madre soltera que ya tiene una situación difícil y ese niño tuvo el descaro de decirle: «Detesto tus agallas. Eres muy estúpida. Nunca entiendes nada».

¿Se identifica? Si no puede, nunca ha tenido un niño de doce años. Su hora se acerca, créame.

En ese momento, no dice nada mientras él se va. Usted, en calidad de madre, me dijo: «En mi pensamiento, me retiro a un verde campo de verano con hermosas margaritas y finjo que las recogeré por unos minutos mientras mi ira disminuye».

Usted espera su tiempo. Su momento aleccionador llega después esa misma tarde, cuando él tiene un partido de fútbol a las dos en punto. A la una y media él dice:

—Vamos, mamá, tenemos que irnos.

Usted lo mira con una expresión impasible.

—¿Ir a dónde?

Sus ojos se abren.

—Mamá. Oye, tengo un juego. Soy el portero. Tenemos que irnos. Vamos.

—No vas a ir a ninguna parte —dice usted en un tono firme.

—¡Mamá! ¿Qué sucede contigo? ¿No sabes qué hora es?

—Creo que tú sabes lo que sucede.

> *La disciplina de la realidad centra la atención en el mal comportamiento, no en el niño, y brinda consecuencias en la vida real para ese proceder.*

—Ah, estás enojada por lo de esta mañana, ¿verdad? —dice él retorciendo los ojos.

Usted se encoge de hombros y dice:

—No estoy segura de que *enojada* sea la palabra correcta. Quizás sea *decepcionada*.

Ese hijo suyo lucha mentalmente por qué decir y da con lo que cree que son las palabras mágicas.

—Lo siento mamá.

—Te agradezco que digas que lo sientes —responde usted—. Gracias. Te perdono.

Él sonríe. *Ah, eso fue fácil*, piensa. *Resolví todo. Entonces a ella le gustan esas palabras, ¿eh? Las guardaré para usarlas en el futuro.*

—¡Excelente! Entonces vamos, vámonos. Llegaré tarde al juego.

¿Qué dice usted entonces? «No». Manténgase firme con la decisión que ya tomó de que él perderá ese juego hoy.

¿Es difícil apegarse a la decisión? Seguro que sí. También está pensando en los otros chicos que serán afectados si su portero falta y en los padres que se quejarán con usted por no llevar a su hijo al juego. Peor aún, la tristeza de su hijo, los ojos que la miraban con tanto amor cuando era más joven, ahora la miran con incredulidad y traición.

Aun así, si usted retrocede ahora, perderá todo por lo que está trabajando.

—No, hoy no irás a ningún lado.

—Pero mamá, dije que lo sentía.

—Y te perdoné. Pero, aun así, no vas a ir a ningún lado hoy.

Su hijo intentará discutir con usted, patalear y luego volverá a suplicar. Cuando incluso suplicar no le funcione, abrirá esos ojitos celestes para que salgan los lagrimones.

> *Si usted retrocede ahora, perderá todo por lo que está trabajando.*

Sin embargo, apéguese a su decisión, mamá. Retroceda ahora y adivine a quién está poniendo al control de su familia. Exacto, a ese niño de doce años. Su mal comportamiento y falta de respeto no se detendrá. Solo recordará que, después de molestarla, todo lo que tiene que hacer es venir a decirle: «Lo siento». Luego puede seguir su feliz camino hacia su actividad.

Sin embargo, ¿aprendería algo? ¿Excepto cómo manipular efectivamente a su madre?

La disciplina de la realidad pone la responsabilidad donde debe estar. Después de todo, así es como funciona la vida, ¿le parece? No haga su tarea y el maestro le dará una gran F. No haga su trabajo en su empleo y será reprendido o despedido. Traicione a un amigo y es probable que ese amigo no vuelva a dar vueltas para recibirlo otra vez. Nadie en esas situaciones le dará una segunda oportunidad.

Así que, padre, madre, deje que la realidad hable en su lugar. Deje que su hijo viva las consecuencias de la vida real en vez de las fantasías inventadas.

Créame, cuando los amigos de fútbol de su hijo le den guerra porque no se presentó y tenga que arreglárselas buscando qué decir, se sentirá lo suficientemente avergonzado como para no querer volver a hacerlo. Si los otros padres le preguntan dónde estaba, hábleles con franqueza.

«No aprecié el irrespeto verbal de mi hijo esa la mañana, así que lo mantuve en casa».

Claro, algunos padres fanáticos del fútbol pueden quejarse pero, insisto, ellos son los que avergüenzan a sus hijos de todos modos al gritarles en el campo: «¿Qué pasa contigo? ¿Por qué no metiste ese gol?». No obstante, la mayoría de los padres le verán con asombro. *Guau, si solo tuviera las agallas para hacer eso.*

Para usted, eso es beneficioso por todos lados: un chico más respetuoso que sabe que no puede salirse con la suya y un grupo de compañeros respetuosos que le admiran. Pero lo más importante, está estableciendo su autoridad sobre su hijo de una manera saludable. No hay arengas emocionales ni castigos. No está reaccionando a la situación ni a su hijo «malo». Al contrario, está tomando las riendas de manera proactiva para evitar y desalentar que la situación vuelva a suceder.

> *La disciplina de la realidad pone la responsabilidad donde debe estar. Después de todo, así es como funciona la vida, ¿le parece?*

En pocas palabras, está responsabilizando a su hijo de su verbo. Después de todo, usted es responsable de su propia lengua, ¿no es así? Entonces, ¿por qué no debería serlo él de la suya?

La disciplina de la realidad tiene mucho que ver con el desarrollo de su relación con su hijo. El castigo abate esa relación; la disciplina la edifica.

Cuando usted responsabiliza a su hijo de su comportamiento y le permite experimentar consecuencias en la vida real, se convierte en el tipo de adulto sano que le gustaría que fuera:

- respetuoso de usted y de otras figuras de autoridad
- atento y amable con los menos afortunados
- considerado con los demás y sus pertenencias
- con un saludable valor propio pero no egocéntrico

- resistente en tiempos difíciles y sin miedo al fracaso
- trabajador, receptivo a comentarios sobre cómo hacer mejor su trabajo

Eso es, después de todo, lo que usted está buscando: un adulto equilibrado y saludable, ¿verdad?

Establezca límites que funcionen

Los padres me preguntan todo el tiempo si deberían o no tener reglas para sus hijos. Los chicos se sienten más seguros con límites establecidos para así saber qué esperar. Algunas reglas son obvias y necesarias, como «No cruzarás la calle cuando un automóvil pasa a la velocidad de la luz». Pero los niños trabajan mejor con pautas que ellos mismos ayudan a establecer, de acuerdo con la edad, por supuesto. Es un poco más difícil rebelarse contra sus propias reglas.

Si reuniera a sus hijos y les preguntara: «¿Qué reglas creen que deberíamos tener en esta casa?», algunas de sus primeras respuestas serían tontas, como por ejemplo: «Podemos comer galletas en el desayuno todos los días» y «A la persona que se le olvide bajar la tapa del inodoro se le mete la cabeza en el mismo». Pero cuando se vuelven más serios, sus respuestas serán mucho más estrictas que las pautas que se le ocurran:

- «El que pelee tiene que lavar los platos durante un mes».
- «Si haces algo malo, tienes que escribir "Lo siento" cien veces».
- «Si le gritas a alguien, tienes que comerte una cebolla cruda».
- «Si olvidas hacer una tarea de la casa, tienes que hacer dos docenas de tareas la próxima semana».

¿Ve lo que quiero decir? Por supuesto, es más divertido proponer ideas para disciplinar a otros que ser el receptor de esa disciplina. Luego, la emoción se desvanece rápidamente, sobre todo si es su cabeza la que va a estar en el inodoro. Pero a medida que sus hijos crezcan, es aun más importante dejarlos tener el control de su propia disciplina. Después de todo, ¿cómo aprenderán a hacerse responsables si usted gobierna el gallinero y les dice qué hacer?

Así que hice lo mejor que pude para responsabilizar a mis cinco hijos. Veamos un ejemplo.

Cuando mi hija Krissy era adolescente y tenía el auto familiar en un partido de fútbol fuera de la ciudad, llamó por teléfono para preguntar:

—Papá, ¿a qué hora debo estar en casa?

—Cariño, sabes a qué hora —le dije—. A una hora razonable.

—Pero papá, ¿a qué hora debo estar en casa? Estoy en la pizzería y el equipo aún no está aquí.

—Entonces todavía no quieres volver a casa, ¿verdad?

—No, por eso es que te llamo. ¿A qué hora debo estar en casa?

Una vez más, dije:

—Solo llega a casa a una hora razonable.

—Está bien —dijo con cierta molestia. Luego colgó el teléfono.

Cuarenta minutos después, me despertó por segunda vez. Ahora eran diez minutos después de la medianoche.

—Papá, soy Krissy.

Nunca lo habría adivinado.

—¿A qué hora debo estar en casa?

—Está en casa a una hora razonable —murmuré, medio dormido.

—Papá, ¿podrías decirme a qué hora necesito estar en casa?

Podía escuchar el movimiento de sus brazos al otro lado del teléfono.

—Krissy, tienes 16 años, tienes buen cerebro y tienes el auto. Solo llega a casa a una hora razonable.

—Está bien —*clic*.

Treinta y cinco minutos después, y usted como padre conoce esta sensación de no poder realmente quedarse dormido hasta que todos sus

Siete principios fundamentales de la disciplina de la realidad

1. Percátese de que su objetivo es ejercer una autoridad saludable sobre sus niños.
2. Responsabilice a los chicos de sus acciones.
3. Esté atento a los momentos aleccionadores.
4. Deje que la realidad sea la maestra.
5. Use acciones, no solo palabras, y apéguese a sus armas.
6. Elija sus batallas con cuidado.
7. Recuerde que las relaciones son antes que las reglas.

hijos estén en el nido, todavía estaba despierto. Escuché la puerta del garaje abrirse. Pasos entrando por la puerta. Miré mi reloj de cabecera. Eran las 12:45 de la madrugada.

Sonreí. Krissy había llegado a casa justo después de que le dijera que tenía un buen cerebro. Sus acciones mostraron sus buenas habilidades para tomar decisiones y que era confiable con el automóvil de la familia.

Es fácil decirle a un chico: «Aquí están las reglas». Es más difícil decir: «Confío en ti, creo en ti, tienes un buen juicio. Estaré aquí en tu esquina, animándote».

Algunos de ustedes ya están pensando: *Bien por ustedes que tienen un niño responsable. Si le dijera eso a mi hijo, nunca volvería a casa.*

Entonces debe seguir una buena dosis de disciplina de la realidad. Esa chica no volvería a salir por la puerta con el auto familiar muy pronto.

Así que aquí está mi sugerencia. Crea lo mejor y obtendrá lo mejor... la mayor parte del tiempo. Pero no se sorprenda cuando sus hijos sean chicos y se porten mal. Entonces, busque el momento aleccionador —como, por ejemplo, no darle las llaves del auto cuando quiera ir al centro comercial una semana más tarde— y deje que la realidad hable en lugar de usted.

163

¿Quiere que su hijo triunfe?

Si quiere sacar lo mejor de su hijo, deje que fracase.

¿Qué? ¿Qué está diciendo? ¿Leí bien?

Bueno, déjeme hacerle algunas preguntas:

- ¿Le grita, amenaza o engatusa a su hijo para que haga cosas simples y rutinarias como levantarse para la escuela, vestirse, comer, hacer la tarea o realizar un trabajo?
- ¿Está demasiado ocupado allanando el camino de su hijo en la vida?
- ¿Completa las tareas escolares que le parecen demasiado difíciles a su hijo o lo excusa si no las termina a tiempo?
- ¿Le preocupa si su hijo no parece feliz?

Permítame ser directo. Un niño infeliz es un niño sano y el fracaso es un paso en el camino hacia el éxito. Mírelo de esta manera: si está contento y todo va bien, ¿está motivado para cambiar? No. Es cuando las cosas no van bien que uno comienza a pensar: *Ah, que no funcionó tan bien. Tal vez debería intentar algo diferente la próxima vez.*

El mismo pensamiento es cierto para su hijo. Cuando un niño no está contento, a menudo se debe a que hizo algo mal o no hizo algo que debería haber hecho, o simplemente porque usted, padre, no está cumpliendo con sus deseos en este momento. Si es así, la infelicidad lo motivará a hacer algo diferente la próxima vez.

Sentirse bien es temporal y las emociones cambian de un momento a otro. La verdadera autoestima se establece cuando un niño trabaja duro para algo, se lo gana y puede llamarlo suyo: eso es lo que yo hice. Guau.

A veces un niño luchará y trabajará duro, pero el resultado no es bueno. Aun así, en esa situación, aprende algo, lo que no funciona, y puede hacer las cosas de manera diferente la próxima vez.

No obstante, el modo en que su hijo procede, qué hace o qué no hace, depende en gran medida de usted. Cuando su hijo tenga dificultades, pregúntese: ¿Es esto algo que es capaz de hacer por sí solo si trabaja duro? Si es así, déjelo luchar, también déjelo trabajar duro y fracasar, potencialmente. Cuando un niño se esfuerza, aprende a ser responsable y a rendir cuentas de sus acciones, establece una autoestima saludable, que se basa en tres palabras: aceptación, pertenencia y competencia.

Aceptación

Su hija anhela su aprobación y estará a la altura de sus expectativas para ella. No permitirle que haga cosas por su cuenta es decirle: «Eres la chica más tonta que he visto» y «No creo que puedas hacerlo sola, así que tengo que ayudarte». Pero con su asentimiento aprobatorio y una actitud que diga: «¡Adelante!, sé que puedes hacerlo», su hija volará alto y continuará haciéndolo por mucho tiempo con ese tipo de viento.

Pertenencia

Todos necesitan pertenecer a algo. ¿Será en su hogar, donde está bien intentar fallar, o en el grupo de pares de sus hijos, donde florece la información falsa y los valores pueden ser muy diferentes? ¿Están sus hijos seguros de pertenecerle? Nunca se sentirán realmente parte de su familia a menos que contribuyan.

Competencia

¿Desea que sus hijos adquieran fortaleza psicológica para impulsar lo que se les presente en la vida? Deles responsabilidad. Cuando lo hagan, ya sea alimentando al perro o limpiando la cocina, dígales: «Buen trabajo. Apuesto a que los hizo sentirse bien por dentro». Usado adecuadamente, ese «sentirse bien» temporal puede inspirar a los niños a hacerlo nuevamente.

Cuando no cumplan, no haga la tarea por ellos. Un perro hambriento despierta a su hija a la una de la mañana o usted no puede preparar la cena porque la cocina está hecha un desastre debería funcionar sin ningún problema de su parte.

Cuando sus hijos fallan, aprenden qué no hacer la próxima vez. Como lo hace usted.

Su hija es mucho más inteligente y más capaz de lo que piensa. A veces ella solo está trabajando. Entonces, por su bien y por el de usted, no caiga en ello.

Mantenga una perspectiva a largo plazo

Una última advertencia: use la disciplina solo cuando lo valga. Eso significa que usted elige sus batallas con cuidado o puede correr el riesgo de exagerar. No le agradarán todos los comportamientos de su hijo. Pero no todo mal comportamiento es una colina en la cual morir.

¿Importa francamente si su adolescente se tiñe el pelo de azul? El tinte al fin se desvanecerá o ella descubrirá que el nuevo color no combina con su guardarropa actual.

Si su hija de cuatro años tiene que alinear todos sus peluches antes de acostarse y le toma una hora, pero hace un berrinche si usted intenta apurarla, dígale una hora antes que sea tiempo de ir a dormir. Eso le dará el tiempo de anidar lo que quiera (asegúrese de que sea sin usted y de que no le atraiga a su mundo organizador), y se acostará a tiempo.

Si su hijo de ocho años nunca limpia su habitación, déjelo en paz. Llegará a limpiarla cuando no pueda encontrar su guante de béisbol.

Si su hijo de once años bebe directo en la jarra de leche y eso le molesta a usted, compre dos galones de leche en lugar de uno. Marque el suyo con su nombre en letras negras y gruesas. Evitará que tenga que correr a la tienda con tanta frecuencia, ya que él bebe un cuarto de galón con cada plato de cereal, y el resto de la familia estará más feliz de que no gaste *el* galón de leche de *ellos*.

Ya ve, nosotros los padres a menudo nos especializamos en las minucias, las pequeñas molestias que nos vuelven locos. Por tanto, deje que la realidad hable. Ese hijo de dieciséis años que insiste en hacerse múltiples perforaciones en las orejas y ponerse un anillo en la nariz pronto descubrirá que puede tener dificultades para conseguir un trabajo de verano.

Cuando era asistente al decano de los estudiantes en la Universidad de Arizona, me reía de las transiciones en las apariencias de los estudiantes desde la orientación de primer año hasta el último año. En la orientación para estudiantes de primer año, un chico usualmente estaba vestido con ropa aprobada por mamá: corte de cabello fresco, caquis limpios, etc. Aproximadamente un mes después de que mamá saliera por la puerta, el chico comenzaba a verse desaliñado y sin afeitar, y esos pantalones de color caqui se arrugaban o se reemplazaban con *jeans* harapientos. A veces se agregaban uno o dos aretes, así como una actitud más rebelde. Sin embargo, en el último año, ese chico había vuelto a usar ropa aprobada por mamá y sin aretes porque tenía que ir a entrevistas de trabajo.

Si usted es padre de un adolescente, tenga paciencia y cabalgue sobre la ola. Su extraterrestre volverá a parecerse a su hijo tarde o temprano.

Nosotros los padres a menudo nos especializamos en las minucias, las pequeñas molestias que nos vuelven locos. Por tanto, deje que la realidad hable.

Las tendencias van y vienen. Mantenga el enfoque en su relación y nunca estará pasado de moda ni se equivocará.

Estrategias comprobadas que realmente funcionan

La práctica puede no ser perfecta, pero lleva a un cambio de conducta.

Mi hermana hace una tarta de frambuesa fresca extraordinaria. Ha pasado años perfeccionándola y mi familia ha disfrutado probándola. La base del pastel es un hojaldre que se derrite en la boca como un *croissant* suave. Incluso escribir sobre eso ahora me hace la boca agua.

Sin embargo, una vez, cuando mi hermana entró por mi puerta con esa tarta de frambuesa fresca, se le cayó en el piso de la cocina. El pastel regó su delicia en múltiples direcciones.

Sande, nuestros hijos y yo echamos un vistazo y agarramos unas cucharas de la gaveta. Recogimos los restos de pastel del suelo y nos los comimos.

A veces la vida no es perfecta. Tiene que tomar lo que pueda conseguir.

Es posible que hasta ahora no haya sido el mejor padre del mundo. Quizás ha estado ocupado con su carrera, envuelto en un divorcio o luchando contra sus propios problemas como resultado de sus experiencias anteriores. Sus hijos han caído por las fisuras de sus propias necesidades.

Tal vez se molestó cuando hablé sobre la importancia de marcar huellas desde el principio en la vida de un niño. Se perdió los primeros años de su hijo porque trabajaba largas horas. O podría haber caído en la trampa de la actividad de criar a su hijo con otras personas (entrenadores deportivos, clases de ballet) para que fueran «competitivos» y no se perdieran nada en el futuro.

Tal vez ha seguido la ruta de un autoritario, llevando la batuta y teniendo la última palabra en la vida de su hijo. No tenía idea de que su propio comportamiento podría provocar la mala conducta de él. O se equivocó por causa de la permisividad; nunca permitió que su hijo tomara decisiones, fallara o luchara. No sabía que estaba perjudicando a su hijo al tratar de ayudarlo y allanarle el camino en la vida.

¿Qué hago entonces?, se pregunta. *Mis hijos tienen doce y catorce años. ¿No es demasiado tarde?*

La buena noticia es que nunca es demasiado tarde. El cambio comienza con usted.

> **Lo más difícil es mantenerse constante y no ceder cuando se desgaste.**

Una disculpa es un buen primer paso. «He estado pensando. Como madre [padre], he hecho algunas cosas mal hasta este momento. Pero a partir de ahora, quiero que sepas que vas a ver una nueva mamá [papá] en esta casa».

Sus hijos le mirarán con las cejas arqueadas, pensando: *Está bien, como quieras.*

Hasta que les demuestre que es diferente, no lo creerán. Eso se debe a que han sido sus conejillos de indias durante años mientras usted intentaba diversas estrategias.

Necesita un plan nuevo para poder progresar. No será fácil, especialmente si ha dejado pasar algunos años en la crianza de sus hijos. Pero valdrá la pena. Lo más difícil es mantenerse constante y no ceder cuando se desgaste.

Hay un viejo refrán que dice que «la práctica hace al maestro». Pero no tiene que ser un padre perfecto. Solo necesita ser un mejor padre y más sabio, y eso requiere tiempo, paciencia y compromiso. Este libro tiene que ver no solo con reentrenar a su hijo sino también con reentrenarle a usted mismo. Si no se compromete a hacer algunas cosas de manera diferente, volverá a su comportamiento anterior y su hijo continuará con su mal comportamiento.

¿Quiere un cambio de conducta duradero?

Si desea un cambio de conducta duradero, tenemos diez estrategias probadas para conseguirlo. Sé que funcionan porque las he usado con mis cinco hijos y las he compartido con innumerables familias que he aconsejado durante casi cuatro décadas.

1. Ponga la pelota en la cancha donde debe estar.

Cuando responsabilice a su hijo de sus palabras y sus acciones, muestre respeto por él. Nunca haga por su hijo nada que él deba hacer por sí mismo.

¿Esa tarea de la que se queja? Es de él, no de usted.

¿Esa mala actitud mostrada que lo metió en problemas con el entrenador? Necesita admitir su responsabilidad y asumir las consecuencias.

> Nunca haga por su hijo nada que él deba hacer por sí mismo.

Usted no debería dar excusas por él, como: «Ah, entrenador, mi hijo acaba de tener un mal día. Usted ha tenido días malos, ¿verdad?». Tampoco debe proyectar la culpa de su comportamiento en usted mismo: *si solo fuera un mejor padre, él no sería así. Todo es culpa mía*. No, la culpa es de él, y la responsabilidad debe recaer directamente sobre los hombros de él. Cuanto antes se entere de que el lenguaje irrespetuoso y las malas actitudes no son la forma de volar, mejor estarán él y todos los que lo rodean tanto ahora como en el futuro.

171

¿Esos quehaceres que le asignan? Son de ella, no de usted. Si ella no los hace, páguele a uno de sus hermanos para que los haga con dinero de la mesada de ella. ¿Significa eso que no la ayudará a veces, como cuando esté enferma? No. Después de todo, aprecia que la gente le ayude con sus tareas en esos momentos. La diferencia es que usted no espera ni planea esa ayuda. Debería ser lo mismo para sus hijos. Responsabilizar a los chicos los prepara para la vida fuera de su hogar, donde las personas no serán buenas con ellos si no llevan su carga de trabajo o completan su parte del trato.

2. Busque momentos aleccionadores.

Los momentos apropiados para su edad le rodean todos los días, cuando los busca.

Su niña de cuatro años grita: «¡No!», cuando le pide que se siente a la mesa del desayuno. Una hora después, ella se queja:

—Mami, tengo hambre.

¿Qué le dice usted?

> Los momentos apropiados para su edad le rodean todos los días, cuando los busca.

—El tiempo de la merienda no es sino hasta en un par de horas más. El desayuno ya pasó.

—Pero mamá, ¡tengo hambre! —insiste, pisoteando fuerte con su pie.

—Entiendo. Puedes tomar la merienda en un par de horas. La próxima vez que te pida que vengas a desayunar, es posible que no quieras decir que no.

En esa misma mesa de desayuno, su hijo de once años mira con disgusto su bizcocho tostado.

«¿Otra vez? Me diste esto hace dos días. ¿No puedes hacer nada más? Estoy harto de esto. Es mejor que no me des nada. Puedo prepararme algo yo solo».

Usted ignora su comentario, sale de la cocina y se dedica a sus asuntos. Cuando recoge su plato más tarde, hay un anillo de almíbar y extrañamente falta el bizcocho tostado.

A la mañana siguiente, cuando él aparece para comer, su plato está sobre la mesa, pero vacío. Él lo mira fijamente. «¿Dónde está mi desayuno?». «Ah, estoy haciendo lo que dijiste ayer, no darte nada. Dijiste que podías hacerlo tú mismo, así que hazlo».

Después de que ese niño tenga que preparar su propio desayuno, que incluye encontrar el tazón, el cereal, la cuchara y la leche que está escondida detrás de los pepinillos, la salsa de tomate y la pizza que hace tres días está en la nevera, y aun salir por la puerta a tiempo, va a estar sorbiendo vorazmente esos bizcochos mañana. O podría tener que poner la alarma media hora antes para preparar su propio desayuno. De cualquier manera, está desarrollando una comprensión y un aprecio por lo que usted hace.

Así que busque esos momentos aleccionadores. Se mantendrán por mucho más tiempo que cualquier sermón que le dé.

3. Use la disciplina de la realidad en lugar del castigo.

Es fácil decirles a los niños qué hacer y qué no hacer o amenazarlos con un castigo por su mal comportamiento. Lo que es más difícil es pensar de antemano en una nueva estrategia de crianza para que pueda tener un resultado diferente y luego actuar según ese plan.

Las consecuencias de la vida real son excelentes herramientas de entrenamiento para sus hijos. Si enfrentan una pequeña realidad ahora, estarán mejor cuando tengan que enfrentarla fuera de sus puertas protectoras.

Su hijo adolescente detesta limpiar su habitación. Han pasado meses desde que usted le echó un vistazo al piso. Él le dice que traerá a un amigo para hacer la tarea después de la escuela. La luz en sus ojos le comunica que es una chica que le interesa. Sabiendo cuán curiosas son las chicas, usted quiere decirle que limpie su habitación en caso de que ella eche una ojeada. Pero no lo haga usted, ya que tiene un propósito mejor.

La chica finalmente recorre el pasillo y echa un vistazo. Después, entra a la cocina con los ojos muy abiertos, agarra su mochila y dice:

—Tengo que irme.

—¿Ya? —dice su hijo—. Pero acabas de llegar.

—Esto no va a funcionar —dice ella bruscamente.

—Pero… ¿por qué? —logra decir su hijo.

—Tu cuarto —dice y se estremece—. Simplemente… no.

> Si enfrentan una pequeña realidad ahora, estarán mejor cuando tengan que enfrentarla fuera de sus puertas protectoras.

Y se va. Ciertamente, uno no puede culparla.

Unos minutos más tarde, usted oye que se abre la puerta de la habitación de su hijo. Mira de reojo. Él está parado con la boca abierta. «Guau, esto *está* mal», murmura.

Esa noche permanece despierto hasta tarde; los ruidos y la reorganización de su habitación le interrumpen su sueño. A la mañana siguiente, él tiene ojos de oso panda y se arrastra hacia la puerta.

Usted no puede soportarlo. Tan pronto como se va, usted se apresura por el pasillo y mira a través de la puerta. Maravilla de maravillas, puede ver el piso. Las cajas de pizza, la ropa, los libros, los zapatos y el equipo deportivo ya no están esparcidos por todas las superficies disponibles. Todavía no es el tipo de limpieza que usted acostumbra y el olor es la humedad del vestuario, pero sonríe.

Un milagro ha sucedido en su casa.

¿Capturará su hijo a esa chica alguna vez? No es probable que la vuelvan a ver en su vida después que ella viera esa habitación. Pero la próxima vez que traiga a una chica a casa, apuesto a que tendrá su habitación impecable e incluso abrirá las ventanas y conseguirá uno de esos ambientadores.

Proyecto terminado.

La realidad funcionó sin que usted gastara energía o dijera una palabra. Ese es el poder de la disciplina de la realidad.

4. *Diga lo que quiere decir y asegúrese de ello*

Si está en la autopista y el auto que está frente a usted sigue cambiando de carril, eso puede ser irritante. «¿Por qué no pueden elegir un carril y quedarse en él?», gruñe, ya que le impiden acelerar.

No hacer lo que usted dice puede ser igual de irritante para sus hijos. Por eso es fundamental que elija con mucho cuidado las palabras que usa. No diga nada de lo que tenga que retractarse.

«¡Estás castigado de por vida!». No es probable que eso suceda, ¿le parece? Así que no lo diga, en primer lugar.

> No diga nada de lo que tenga que retractarse.

Si sus hijos saben que usted dice lo que quiere decir y que está seguro de ello, eso impedirá muchas de sus malas conductas. ¿Por qué? Porque saben que hay poder y congruencia tras sus palabras. No está simplemente lanzándolas a sus hijos porque está momentáneamente molesta.

Después de decir lo que quiera y tener certeza de ello, hay otro paso: seguir esas consecuencias.

Tras encontrarse repetidas veces con un automóvil funcionando con la reserva de gasolina cuando tiene que ir al trabajo, hace un anuncio a la familia: «Cualquiera que conduzca mi automóvil es responsable de asegurarse de que tenga al menos un cuarto de tanque de gasolina antes de estacionarlo. De lo contrario, esa persona perderá sus privilegios de conducir el automóvil durante una semana».

Una semana después, usted conduce su auto y, en el trayecto de dos cuadras, se queda sin gasolina. Llega media hora tarde al trabajo porque tiene que llenar el tanque y a su jefe no le agrada.

La última persona que manejó el automóvil fue su hija, que fue al centro comercial con sus amigas el sábado. Su primera inclinación es agredir verbalmente a su hija tan pronto como llegue a casa. Sin embargo, espera su tiempo para ese momento aleccionador.

Esa noche ella pregunta:

—Oye, mamá, no puedo encontrar las llaves del auto. No están en la cocina.

—No —responde usted—. No están.

— Necesito las llaves. Se supone que debo encontrarme con Kelle en Starbucks.

—No vas a ir a ninguna parte esta noche.

—¡Mamá! Tengo que ir a Starbucks. ¿Cuál es tu problema? —dice su hija con descaro.

Usted sonríe ligeramente.

—No es mi problema. Es tuyo.

Ella frunce el ceño.

—¿Qué quieres decir?

— Bueno, llegué tarde al trabajo esta mañana porque el auto estaba casi vacío. La última persona que lo condujo fuiste tú.

—Oh, lo olvidé. Lo llenaré de ahora en adelante.

Usted asiente.

—Gracias. Me alegra oírte decir eso.

Ella sonríe.

—Excelente. Entonces, necesito las llaves del auto.

Usted regresa a la tarea que estaba haciendo.

—Como dije, no irás a ninguna parte esta noche.

Su hija la probará para ver si está diciendo lo que quiere decir y está segura de ello, especialmente si ha retrocedido antes. Pero esta vez no retrocederá porque sabe lo que está en juego: el futuro de su hija como ser humano responsable.

Ella no estará feliz con usted esa noche, pero ¿y qué? Usted no estuvo feliz cuando su jefe desató su ira contra usted esa mañana.

A veces un hijo tiene que ser infeliz para estar sano. Así que no cambie de carril ni retroceda. En el futuro, su hija recordará ese momento y le agradecerá que se haya mantenido firme.

5. Diga algo una sola vez, luego váyase.

Usted es el escritor de su propio guion familiar. Usted es quien enseñó a sus personajes a portarse mal. Ahora necesita cambiar el guion.

Cada vez que les dice a sus hijos qué hacer, los programa para que respondan de manera insolente y se desvivan para no hacer lo que les dijo que hicieran. Eso se llama «naturaleza humana» y comenzó en los días de Adán y Eva.

Cuando le pregunté a un chico, una vez, cómo sabía cuándo prestar atención si su madre llamaba, esto es lo que dijo: «La primera vez, la ignoro. Ella volverá a llamar. La segunda vez, si está empezando a enojarse, agregará mi apellido. Pero sé que todavía tengo tiempo, porque ella está en un sistema de tres llamadas. Cuando agrega mi segundo nombre y su voz sube un nivel, esa es la tercera llamada, entonces sé que tengo que ponerme en marcha y hacer lo que se supone que debo hacer, o de lo contrario estaré en un verdadero problema».

> *No es de extrañar que los niños se vuelvan sordos a mamá o a papá. Ellos saben exactamente cuánto tiempo pueden ignorarnos.*

¿Ve usted cómo entrenamos a nuestros hijos para que se porten mal? No es de extrañar que los niños se vuelvan sordos a mamá o a papá. Ellos saben exactamente cuánto tiempo pueden ignorarnos con seguridad y los pasos que seguiremos. En resumen, nos han descubierto.

Así que aquí está el nuevo plan. Diga algo solo una vez y luego se va.

No hay una llamada de seguimiento ni de amenaza. Si esa tarea no se realiza, entonces sigue la disciplina de la realidad. El punto B no sucede hasta que se complete A. Eso significa que no irá a su juego de béisbol hasta que haya terminado la tarea que se supone que debe hacer, aunque no llegue sino hasta la última entrada del juego.

Así que deles un descanso a sus cuerdas vocales. Solo las necesita una vez, no tres.

6. Recuerde que pelear es un acto en conjunto.

Usted no puede pelear solo. Necesita a alguien que pelee con usted. Se necesitan dos para bailar ese tango emocional. No puede bailar si uno de los bailarines se retira.

Usted es el adulto, así que es el que necesita cambiar primero. Simplemente rechace participar en la lucha de ahora en adelante.

«Mamá, ¿me queda bien esto?», le pregunta su hija.

Usted suspira. Está empezando de nuevo. Aborrece esas batallas por la ropa. Ella le pide su opinión, pero luego quiere pelear con usted por eso. En vez de abrir la boca, deténgase y piense: *¿Qué solía decir o hacer en una situación como esta?*

Cada vez que decía: «Claro, eso se te ve muy bien», ella preguntaba: «¿Realmente? ¿No me hace ver gorda?».

Después de eso, usted no podía ganar —dijera lo que dijera— y, por lo general, lo que seguía eran las lágrimas.

Si usted decía: «Tu camisa roja se vería mejor con tus pantalones de mezclilla», ella refutaba con: «Pero esa camisa tiene [lo que sea] que se ve mal».

Su presión arterial comenzaba a aumentar cuando ella insinuaba que usted era vieja y que no sabía lo que estaba de moda. Se disparaba cuando ella agregaba que usted era una estúpida. Ahí estaba la pelea, en plena actividad.

Entonces, ¿qué hará esta vez para obtener un resultado diferente?

Entrar en el negocio de sus hijos y ofrecer su opinión es un escenario perfecto para una guerra total entre padres e hijos.

Se negará a participar en ese espectáculo. Entrar en el negocio de sus hijos y ofrecer su opinión es un escenario perfecto para una guerra total entre padres e hijos… después de lo cual esa chica irá a hacer lo que hubiera hecho de todos modos. ¿Para qué comenzar entonces?

En respuesta a su pregunta, usted responde simplemente:

—Lo que importa es que te guste lo que te vas a poner.

Ella voltea, lista para comenzar la pelea.

—¿Qué significa eso?

—Exactamente lo que dije —indica usted y luego se va.

Esos principios anteriores —«diga lo que quiere decir y asegúrese de ello» y «diga algo una sola vez, luego váyase»— son muy útiles cuando su hijo intenta pelear con usted, ¿le parece? Si no se involucra, no hay pelea. Fin de la historia.

7. Decida qué amerita ir a la batalla.

Todos los padres del mundo se portan de manera infame cuando buscan peleas con sus hijos por cosas menores, cuando deberían centrarse en las más importantes. Algunas cosas no ameritan ir a la guerra.

Su hijo se tiñe el pelo de púrpura y piensa que es genial. ¿Por qué le debe importar a usted? Ese es su cabello. Si su escuela permite ese nuevo estilo, entonces su hijo puede experimentar con su individualidad. Si la escuela no lo permite, entonces la disciplina de la realidad entrará en juego cuando el director lo llame y le diga que se deshaga de ese estilo.

Si se deja el cabello morado por un tiempo e incluso agrega otros colores para acompañarlo, no se preocupe. Disfrute el paseo psicodélico. Le garantizo que cuando entre a su primer trabajo en Manhattan, no tendrá el pelo morado.

Separe cuáles son realmente los malos comportamientos —que deben corregirse para el bien de ellos— de los comportamientos que resultan de sus hijos intentando descubrir lo que son.

Los padres autoritarios prestan más atención al corazón de sus hijos que a la ropa que llevan puesta o al color o al estilo de su cabello. Creo que una de mis hijas tuvo todos los colores del arco iris en el pelo, incluido el azul. No es de extrañar que haya terminado yendo a la escuela de arte y diseño y haya tenido trabajos como diseñadora de juguetes en grandes empresas como Disney y Hasbro.

A medida que usted observa las conductas de sus hijos, separe cuáles son realmente los malos comportamientos —que deben corregirse para el bien de ellos— de los comportamientos que resultan de sus hijos intentando descubrir lo que son.

La habitación de Jenna era un continuo desastre con proyectos de arte y tareas. El maltratado Volkswagen para el que reunió suficiente dinero para comprar a los dieciséis años estaba plagado de sus mudas de ropa, tazas de café, una mochila y todo lo que se le quedaba allí durante la semana. De vez en cuando lo limpiaba, pero no lo suficiente, según su padre.

Mientras hablaba con el padre primogénito, él entendió que lo que veía como mal comportamiento por parte de su última hija provenía de su personalidad artística y su pasión por las personas. La misma chica que tenía esa habitación y el automóvil desordenados trabajaba a medio tiempo, se ofrecía como voluntaria en un centro para ancianos una vez al mes y daba clases a niños desfavorecidos los sábados por la mañana.

Sí, a veces sus calificaciones bajaban un poco, lo que también lo enloquecía ya que sus padres lo criticaban cuando sus calificaciones eran por debajo de A. Pero el corazón de esa chica definitivamente estaba en el lugar correcto. Era cortés, amable y generosa con todas las personas con las que entraba en contacto. Todos los que ella conocía la amaban y la admiraban.

Lo que su padre vio como flojera por parte de Jenna al no limpiar su automóvil o estudiar lo suficiente, fue una percepción incorrecta de lo que era realmente su hija. Una vez que cambió su forma de pensar y siguió adelante con la acción, incluidas las palabras «lo siento», el abismo que había existido entre ellos comenzó a cerrarse.

Cada uno de los hijos de usted será diferente. Diferente no es algo malo; es simplemente diferente. Jenna no era como su hermano mayor, estructurado y perfeccionista, que estaba en la facultad de derecho. Ella no era como su hermana intermedia, que estudiaba música en la universidad. Era la bebé de la familia, social, más bien desorganizada, que tenía un corazón de oro con las personas.

Entonces, ¿a qué le está prestando atención? ¿A las cosas sobre su hijo que le vuelven loco o al corazón de su hijo? Escoja sus batallas sabiamente.

8. No *limpie el camino de su hijo.*

Si ha rescatado a sus hijos de las consecuencias que deberían haber tenido, no les está haciendo ningún favor. Experimentar consecuencias por el mal comportamiento es lo que naturalmente lo corta de raíz.

Su hija deja la escuela temprano, diciendo que tiene que ir a una cita con el médico. La escuela no tiene una nota de usted, así que la llaman para verificar.

Usted no quiere que ella se meta en problemas, por lo que dice: «Ah, sí, señora Smith, mi hija tiene una cita. De hecho, estamos en eso en este momento. Gracias por verificar». Entonces cuelga.

Cuando su hija llega a casa, usted le dice:

—¿Dónde has estado? Llamaron de la escuela.

Ella agita su mano. Está acostumbrada a que usted mienta por ella para sacarla de cualquier problema en el que se encuentre.

—Le dijiste que estaba en la cita, ¿verdad?

—Bueno, sí, yo...

Ella la corta.

> *Experimentar consecuencias por el mal comportamiento es lo que naturalmente lo corta de raíz.*

—Entonces, todo está bien —ella le pasa rozando de camino a su habitación.

Más tarde ese día, la oye hablar con una amiga en su teléfono celular. «No, no me metí en problemas. La escuela llamó a mamá y ella me cubrió». Sigue una risa. «Sí, lo sé. Ella es tan estúpida. No sabe nada».

Alto ahí. ¿Realmente va usted a permitir que eso continúe? Hay una manera rápida de detener ese comportamiento mentiroso e irrespetuoso. Diga la verdad y no la cubra.

Entonces usted vuelve a llamar a la escuela. «Soy la madre de Miranda. Hay algo que necesito decirles». Así que explica que no tenía idea de lo que hacía su hija antes, pero temía que se metiera en problemas, por lo que mintió. Se disculpa por mentir y luego dice: «Todavía no sé dónde estaba mi hija y no quiero que esto vuelva a suceder. Así que agradecería que la llamen a la oficina mañana y le hablen de su ausencia injustificada».

Su hija se pondrá furiosa después de la escuela al día siguiente, pero se enfrentará al hecho de que usted ya no mentirá por ella.

Recuerde que para cambiar el mal comportamiento de sus hijos, primero debe cambiar el de usted. Limpiar el camino de su hija la perjudica ahora y en el futuro.

9. No navegue en la corriente de su hijo.

Los padres me dicen todo el tiempo: «No puedo callarme».

¿En serio? ¿No puede?

Usted puede. Pero no es lo suficientemente disciplinado como para cerrar su boca antes de meter el pie o provocar una pelea. Así que no me diga que no puede hacerlo. Lo que realmente está diciendo es: «Decido no hacerlo».

Sin embargo, vea los resultados. El desastre cunde por toda su casa, y usted y su hijo no se hablan. ¿Quién hizo esa decisión por usted? ¿Fue un extraterrestre el que invadió su cuerpo? No, fue usted.

Nadie *hizo* que usted se enojara. Usted se lo permitió.

Su hijo lo desobedece directamente y usted lo llama.

Él lo confronta con hostilidad. «Papá, estoy harto de que me digas qué hacer. Tengo una vida propia, ¿sabes?».

Ahora es el momento para que elija. ¿Entrará en la corriente de su hijo y permitirá que lo controle a través de la propia ira de usted? Si es así, esa acción es fácil. Deje que sus reacciones instintivas se encarguen del asunto.

Decidir responder es más difícil, pero es una opción mucho mejor a largo plazo. Tiene que tragarse esas reacciones intestinales, contar hasta diez en su mente, respirar profundo y no hablar hasta que esté controlado.

Luego dice: «Acepto que tengas tus propias opiniones. Pero el hecho es que no hiciste lo que te pedí que hicieras».

Sus hijos son muy hábiles para crear las corrientes emocionales masivos que se arremolinan en su casa y lo enganchan a usted. Pero usted tiene una opción. No tiene que ser arrastrado por el tumulto.

10. *No les haga preguntas.*

Los padres somos muy buenos para hacer preguntas. De hecho, somos maestros en eso.

- «¿Querida, como estuvo tu día?».
- «Oh, ¿qué es eso?».
- «¿Para cuándo es tu proyecto de astronomía?».
- «¿Qué aprendiste hoy en el kínder?».

Sin embargo, los niños —como los esposos— detestan las preguntas tanto como que se les diga qué hacer. El hacerles preguntas, solo provocará que cierren la boca.

Ah no, yo no voy a decir nada, solo en caso de que vaya a ser incriminatorio, es lo que piensan. *Cuanto menos sepan mamá y papá, mejor. Solo les diré algo si tengo que hacerlo. De lo contrario, se meterán en mis cosas e intentarán manejarlas. Eso sería realmente vergonzoso.*

En vez de eso, solicite su opinión o haga una declaración franca:

- «Necesito comprar una computadora portátil nueva, ya que la mía no está funcionando bien. Eres muy bueno con la tecnología, así que espero que puedas guiarme con algunas ideas. No necesito que tenga muchas cosas extras, pero sí necesito una buena tarjeta de sonido y un par de programas para crear algunas presentaciones para el trabajo. ¿Podrías ayudarme a investigar eso?».

- «Este año me gustaría hacer una tarjeta de Navidad con la familia, pero tenemos un presupuesto limitado. Eres muy creativa, pensé que tal vez podrías darme una idea o dos».

Pedir su opinión demuestra que los respeta como personas y valora sus comentarios. Es muy diferente a dispararles preguntas que los ponen a la defensiva. Señalar las habilidades que tienen sus hijos y que pueden beneficiar a toda la familia es una forma positiva de satisfacer su necesidad de atención. Redirigirá su energía del mal comportamiento a la búsqueda de actividades de beneficio mutuo.

Yo diría que es un buen negocio, ¿no cree?

La práctica de estas estrategias comprobadas no le convertirán en un padre o una madre perfectos, pero sin duda le harán uno mejor. A medida que cambie, sus hijos comenzarán a cambiar.

Lea el anexo «Mi plan para cambiar de comportamiento» todos los días durante las próximas dos semanas hasta que se convierta en parte de su pensamiento. Pero no lo publique donde sus hijos puedan verlo. Simplemente comience a convertirse en la nueva mamá o el nuevo papá que quiere ser, y déjelos tanto confundidos como desquiciados por un tiempo.

Que comience la diversión.

Mi plan para cambiar de comportamiento

Voy a:

- Poner las cosas donde deben estar.
- Buscar momentos aleccionadores.
- Usar la disciplina de la realidad.
- Decir lo que quiero que entiendan y entender lo que digo.
- Decir algo una vez y alejarme.
- Recordar que luchar es un acto en conjunto.
- Decidir lo que amerita la lucha.

No voy a:

- Allanar el camino de mi hijo.
- Navegar por la corriente de mi hijo.
- Hacer preguntas.

Conclusión

Transformación garantizada

---

*No tiene que ser perfecto. No tiene que
tener un hijo perfecto. Solo deben caminar
juntos por la senda de la vida.*

Avance rápido unos años hasta un momento inevitable: cuando ese niño que ha criado lo mejor que pudo durante dieciocho años sale por su puerta y entra en una nueva etapa de la vida. Ese momento vendrá mucho más rápido de lo que usted piensa.

Cuando Sande y yo esperábamos llevar a Holly, nuestra primogénita, al Grove City College en su primer año, bromeé con mi esposa sobre el desastre que sería ella diciéndole adiós a la que una vez fue su pequeña hija. Poco sabía yo lo influyente que sería ese día en *mi* vida.

Usamos dos autos para llevarla a ella con todas sus cosas a la universidad. Cuando llegamos, vimos un cartel de bienvenida: «Hombres por este lado. Mujeres por este lado». Seguimos la dirección de las mujeres y nos detuvimos frente al dormitorio y unos chicos con camisas azules abotonadas se acercaron y vaciaron nuestros autos en 30.2 segundos.

No estoy bromeando. Fue magistral. Recuerdo haber visto a esos tipos y preguntarme si alguno de ellos significaría algo para mi Holly algún día.

Una vez en la habitación, conocimos a las compañeras de cuarto y sus padres, que parecían tan aturdidos e incómodos como Sande y yo.

Cuando era obviamente hora de que los padres nos fuéramos porque habíamos pasado por todo el programa «Bienvenidos, Padres», dije:

—Bueno, deberíamos irnos.

Holly, que nunca se ha echado atrás en nada, en su vida, soltó esto:

—Papá, ¿hay algún juego de pelota o algo así?

Es un chiste de familia eso de que nunca me pierdo un juego de pelota, haya lluvia, nieve o un tsunami.

Meneé la cabeza y dije:

—No, no hay juego de pelota. Solo creo que debemos avanzar.

—Además de eso —intervino Sande— todavía no he hecho la cama de Holly.

—Tú *no* vas a hacer la cama de Holly —dije frunciendo el ceño—. Ella es una estudiante universitaria.

Mi esposa, la mujer más encantadora y dulce de la faz de la tierra, me dio «esa mirada». La mirada que dice: «Retrocede, Charlie, si sabes lo que es bueno para ti. Yo *voy* a hacer esa cama».

Soy más inteligente de lo que parezco, así que retrocedí. La cama se hizo.

Entonces comenzamos el proceso de despedida. Había un nudo enorme en mi garganta. Como no me gusta la emoción en público (después de todo, soy hombre), salí de prisa al auto. Quería mantener el control. Sabía que era hora de cumplir condena o morir, y quería hacer el trato antes de morir.

Luego miré la escena y Holly estaba abrazando a mi esposa. Las lágrimas de Sande se estaban derramando. Estoy hablando de grandes ríos de líquido.

186

Supe en ese instante que *teníamos* que salir de allí. Así que me apresuré al puesto del conductor del auto.

De repente, Holly corrió hacia mí. «Te amo, papi» —dijo— y me abrazó.

Me volteé para abrazarla y perdí el control. Las lágrimas comenzaron a fluir.

Sorprendida, me dijo: «¡Papi!» con una voz que parecía decir: «por Dios, estás exagerando».

En ese momento, no pensé en las veces que ella se había portado mal, como cuando se enojaba conmigo y me decía que debía leer mis propios libros para padres. No pensé en las veces que había peleado con sus hermanos, los juegos mentales que había practicado con sus hermanas pequeñas para mantener la ventaja, o las miradas de menosprecio que nos lanzaba cuando dejábamos a Kevin II —el entonces bebé de nuestra familia y el único varón—, salir con algo que nunca le habríamos permitido hacer a ella.

Esos momentos ni siquiera pasaron por mi mente.

En cambio, por estúpido que parezca, pensé en el pequeño brasier que había pisado en el baño cuando Holly tenía diez años. Estaba tirado en el suelo, así que me llamó la atención. Levanté aquella cosa en el aire, la examiné, y confieso que no tenía la menor idea de lo que era.

Salí alrededor de la casa, todavía con aquel artículo pellizcándolo entre mis dedos, y encontré a mi esposa.

—Cariño, ¿qué es esto?

Volteó hacia mí, miró el artículo y se tapó la boca con la mano. Me di cuenta de que estaba tratando de no reírse.

—Ah, cariño, ese es el brasier de Holly.

Lo miré de nuevo. ¿El brasier de mi Holly? Esto parece que algún día podría crecer para convertirse en sostén.

—Es un sostén de entrenamiento —explicó Sande.

Pero Holly no tenía nada que entrenar. Ni siquiera los padres más tontos lo notan.

Me dejó perplejo el hecho de que mientras me despedía de mi hija en la universidad, pensara en aquel incidente. Ahora que estaba pensando: *Tú no puedes haber crecido. Todavía eres una niña, de diez años, con un brasier de entrenamiento. Antes de eso eras más bajita que una vara de medir. No puedes irte a la universidad.*

Sin embargo, aquí estábamos.

Al fin, dije con voz quebrada:

—Holly, mejor es que te vayas.

¿Y sabe usted lo que hizo Holly Leman? Mi primogénita se fue. No se alejó toda triste ni alicaída. No se puso a llorar. Yo sí.

Así que le dije a mi esposa:

—Salgamos de aquí.

Entonces, volteé hacia Holly y grité:

—Holly, no lo olvides. Llámanos esta noche, cariño.

Con un pequeño gesto de saludo, dijo: «Está bien», por encima de su hombro, y continuó caminando. Cuando desapareció por la puerta, el peso en mi corazón me aplastaba.

Todo el viaje de dos horas y media a casa fue el peor de mi vida. Sande y yo apenas hablamos. Nos detuvimos a medio camino, todavía aturdidos, y almorzamos en un restaurante Red Lobster. Ni la comida nos ayudó.

Ya en casa esperamos ansiosos que llegaran las once, el final de sus actividades de orientación para la noche.

Sé que va a llamar, me decía a mí mismo.

Las noticias nocturnas, sin embargo, iban y venían. Ella no llamó.

Ahora, como había sido asistente del decano de estudiantes de la Universidad de Arizona, sabía lo suficiente como para no llamarla. Así que tuve paciencia.

Siete días después llamó. Estaba tan emocionado que le grité a Sande: «Cariño, ponte al teléfono. ¡Es Holly!».

Entonces me di cuenta de que debía actuar de manera más fría, así que dije con arrogancia: «Entonces, ¿cómo le va en la escuela, señorita? Pensé en usted el otro día».

Ah, sí. Como si no hubiera pensado en ella cada minuto desde que nos separamos.

Después de escuchar sobre la semana de orientación para estudiantes de primer año y lo emocionante que era la universidad, tuve que hacerle una pregunta: «Cuando nos fuimos y te volteaste rumbo a tu dormitorio, ¿en qué estabas pensando?».

«Muy sencillo, papá. Estaba pensando que tú y mamá me criaron bien, y que ahora es mi momento de hacerlo bien».

Chico, eso es bastante bueno. Esa es la forma de criar hijos. Chicos que algún día puedan irse, agitar la mano y hacer la vida solos.

Comience pensando en el fin

Padre, madre, es correcto no ser perfecto. Es bueno no tener un hijo perfecto. Lo más importante es su presencia en el camino de la vida. ¿Está usted presente con sus hijos? ¿Les está prestando atención? ¿Está notando y apreciando las cosas positivas que hacen para que no tengan que esforzarse por asegurar su atención a través de un comportamiento negativo? Los chicos anhelan atención a través de su tiempo, su aliento, la inversión en su mundo y el respaldo cuando lo necesiten (lo cual es muy diferente de limpiarles su camino).

Los chicos anhelan atención a través de su tiempo, su aliento, la inversión en su mundo y el respaldo cuando lo necesiten (lo cual es muy diferente de limpiarles su camino).

Ahora que comprende quién es cada uno de sus hijos, por qué hicieron los lemas de vida que quisieron y qué usted tuvo que ver con eso, puede despejar los roles de comportamiento negativo y cambiar ese proceder. Todo lo que se necesita es un poco de disciplina de la realidad: dejar que las consecuencias de la vida real hablen en lugar de usted.

Si toma todo lo que aprendió con este libro y aplica las estrategias comprobadas del capítulo 11 a partir de este momento, le irá bien en la crianza de sus hijos. Algún día, ellos regresarán contentos a casa de dondequiera que anden y todos ustedes contarán historias acerca de esos malos comportamientos y se reirán en la mesa familiar. Escuchará historias de lo que hicieron sus hijos tras bambalinas, de las que usted no tenía ni idea… y agradece que no lo supiera.

Lo sé, porque escucho esas historias alrededor de mi creciente mesa familiar —con cinco hijos, tres yernos y cuatro nietos— todo el tiempo.

No hay mejor momento que el presente para comenzar con el final que usted piensa. Recuerde, está criando a un adulto que tendrá su propia familia algún día.

La próxima vez que ese chico suyo salga disparando cosas por su boca, imagínelo sentado ahí en su mesa de comedor —dentro de veinte años— con su propio hijo hablador.

¿La hija que tuerce los ojos perfectamente? Imagínela con su propia adolescente que aprendió a torcer los ojos con su mejor modelo a seguir… su madre.

¿El chico que se va de paseo sin permiso y abolla el auto familiar? Ahora tiene el pelo veteado de canas por su propio hijo, que hizo lo mismo con la camioneta de su familia.

Una mirada al futuro como esa, pondría los problemas de hoy en perspectiva, ¿no le parece?

El tiempo, en efecto, tiene alas. Cuanto más viejo se hace usted, más rápido parece volar. Lo más importante, más que «corregir» cualquier mal comportamiento, es lo que le sucede a su relación a largo plazo.

Algún día será su turno de llevar a su hijo o hija a su dormitorio universitario. ¿Dirán lo que dijo Holly: «Me criaste bien y ahora es mi momento de hacerlo bien»?

Como dijo mi sabio amigo entrenador: «A ellos no les importa lo que sabes hasta que sepan que te importa».

Memorice esas palabras, actúe conforme a ellas, y lo hará bien.

Sección extra # 1

Pregúntele al experto

¿Qué habría hecho el doctor Leman en situaciones como las del capítulo 1? Descúbralo aquí.

En el capítulo 1, vimos doce situaciones de mala conducta de los niños con el fin de descubrir para qué servía su comportamiento. Ahora vamos un paso más allá. Si hubiera sido yo el padre en esa situación, ¿qué habría hecho?

Comportamiento # 1: la ingeniera eléctrica de dos años de edad

Compre algunos de esos tapones de plástico baratos para todos los enchufes que su hija puede alcanzar e insértelos cuando ella esté durmiendo la siesta. Luego, escóndase en algún rincón donde no pueda verle y deje que intente meter el dedo en cada uno hasta que se frustre. Todos los niños se cansan de un juego que no funciona. Y nadie quiere tocar ante un público que no está presente.

Comportamiento # 2: el gerente de juguetes de tres años de edad

Ese niño necesita más tiempo en casa con usted, aprendiendo a compartir juguetes con algunos compañeros de juego del vecindario, antes de estar listo para el grupo más grande de kínder. Claro, usted eligió ese kínder varios años antes y él perderá su preciado cupo, pero ¿no es acaso más importante lo que es mejor para su hijo a largo plazo?

Además, cuando su hijo observa cómo interactúa usted con los demás, ¿es amable? ¿Comparte de buena gana las cosas con los demás y las trata como seres importantes? ¿Es usted justo o tiene que ganar? Usted es el mejor maestro de su pequeñuelo.

No hay una regla que diga que usted tiene que ir a kínder para tener éxito en la vida. Muchas de esas entidades tienen líneas de espera de candidatos porque los padres temen que sus hijos no tengan una ventaja competitiva en la vida si no van allí. No intente seguir el ritmo de los Jones. De todos modos, ¿quiénes son ellos?

> *Los niños son tan peculiares como las hojas del pasto y eso incluye su preparación para cualquier escuela.*

Los niños son tan peculiares como las hojas del pasto y eso incluye su preparación para cualquier escuela. Entonces, haga lo correcto por su singular hijo en este momento, que es mantenerlo en casa y trabajar más con él para suavizar sus asperezas. Entonces tendrá un mejor comienzo en la escuela con sus compañeros, puesto que es un poco mayor y más sabio. Y usted también.

Comportamiento # 3: la desafiante princesa de cinco años de edad

Escoja sus batallas sabiamente con esta princesa decidida. Como la camisa con cuello fue idea de usted y no es un uniforme escolar, saque esas detestables camisas de su armario y colóquelas en una caja debajo de su cama por ahora. Sin embargo, todavía no le dé eso a la fundación caritativa Goodwill, ya que los niños —a menudo— cambian de opinión cuando ven lo que usan otros chicos. Pero las camisas con cuello no son algo por lo que usted esté dispuesta a ir a la batalla en una montaña y colocar allí su bandera triunfante.

La noche antes del próximo día escolar, diga: «Cuando sea hora de ir a la escuela mañana, quiero que te pongas lo que desees. Sal vestida a las siete y media y tendré tu barra de granola favorita y el envase de jugo listo para que lo lleves en el automóvil».

Luego, aléjese. Deje que dependa de ella si considera sus opciones de ropa la noche anterior o se esfuerza por encontrar algo en la mañana.

Al día siguiente, usted está lista para llevarla a la escuela con lo que sea que esté usando a las 7:30, incluso si es su pijama. Como a ella todavía no le gusta el alboroto del kínder, intentará detenerla.

Pero usted es más lista. Sonríe externamente ante su extraño atuendo a pesar de que en su interior se avergüence por lo que otros pueden pensar cuando la vean. «Veo que estás lista, como te pedí. Aquí está tu envase de jugo y la barra de granola. Ya tengo tu mochila en el auto».

La lleva al auto y la abrocha en su asiento antes de que ella sepa lo que pasó. Ese día llega a tiempo a la guardería, por lo que ella se ve obligada a aunarse a los otros niños.

¿Qué ha hecho usted como madre inteligente? Sacó la camisa con cuello (solución fácil) y eliminó la excusa del vestuario (fácil), por lo que ahora su hija tendrá que trabajar más para no salir así.

Cuando ella se niegue al siguiente día, diga y haga las mismas cosas que hizo hoy. No pasará mucho tiempo antes de que ella la vea en serio.

Ahora viene la parte difícil: la etapa dos. En lugar del fuerte «No», ella intentará llorar para ablandar su corazón de mamá.

«Pero no quiero ir», dirá, acto perfeccionado con una fuente de lágrimas fabricadas.

Su respuesta: «A veces, tampoco me gusta ir a algunos lugares, pero aun así lo hago. Si quieres hablar más sobre esto, estoy disponible todo el tiempo esta noche. Pero, por ahora, tenemos que ir al kínder porque es nuestra responsabilidad llegar a tiempo».

Dependiendo de cuán fuerte sea su hija, puede tener algunas rondas de desafío en la etapa dos. Pero al final ella se acostumbrará al bullicio del kínder y encajará perfectamente con el resto.

Comportamiento # 4: niño de seis años acusado por hostigador

Practique un poco de respiración profunda en el camino a la escuela y libérese de su enojo para poder saludar al director y a los padres con un fuerte apretón de manos. No diga nada acerca de la inocencia de su hijo ni ofrezca excusas por el comportamiento del que se le acusa en ese momento. A este punto, usted no sabe lo que hizo o no hizo, o lo que hizo o no hizo el otro niño. Simplemente solicite un recuento de la cadena de eventos: lo que sucedió, quién estuvo involucrado, qué adultos estaban presentes, etc. También pregunte sobre cualquier cosa que haya ocurrido antes de ese hecho. Si su hijo no es del tipo que golpea a otro niño, como los otros padres afirman que lo hizo, debe haber una razón para su comportamiento. O, como puede suceder a menudo, el otro chico tuvo mucho que ver con esa razón o incluso puede estar mintiendo para meter a su hijo en problemas.

Antes, las disputas entre los niños se manejaban en el patio de recreo entre ellos. Claro, podía haber una nariz ensangrentada ocasional o algunos rasguños, pero luego los chicos llegaban a un acuerdo y alcanzaban una solución.

Hoy los padres son contenciosos. Una pelea entre alumnos de primer grado puede convertirse en una guerra total en un tribunal entre los padres. El término acoso —hostigamiento, intimidación o *bullying*— se usa libremente. El verdadero acoso es un patrón por el que un chico más grande o un grupo de niños, molesta a otro niño en particular; no algo que ocurre una sola vez.

Lo mejor que usted puede hacer es reunir los hechos. Si el director es bueno, sensato y preocupado por la justicia, no por respaldar al padre más «popular» o al que dona más dinero a la escuela, ya debería haber hecho su tarea. Eso debería haber incluido preguntarle a cada niño individualmente qué sucedió, luego reunir a los chicos para repetir lo que cada uno dice que sucedió y leer sus reacciones *antes* de involucrar a los padres.

Muchos problemas en la escuela, sobre todo a una edad tan temprana, puede resolverlos simplemente el director explicando en detalle la fuente del conflicto con los dos niños y haciendo que uno o ambos se disculpen con el otro. Los alumnos de primer grado pueden ser enemigos un día y jugar durante el recreo al día siguiente.

> Lo mejor que usted puede hacer es reunir los hechos.

Siempre que haya problemas en la escuela con los estudiantes, lo mejor para estos, sus padres, los maestros y el director es poner los datos sobre la mesa para que puedan trabajar juntos en busca de una solución mutuamente beneficiosa y justa. El hecho de que los padres participen muy rápidamente debería generar una señal de alerta en cuanto a la gravedad de la situación, la capacidad del director para lidiar con la situación y la naturaleza de los padres.

En esa situación, después de escuchar los hechos, solicite un tiempo de espera rápido para poder hablar con su hijo. Pregúntele qué pasó. Si perdió los estribos y golpeó al otro niño y lo admite, dígale: «Te has enojado antes. Yo también me enojo a veces. Pero por qué, esta vez, ¿golpeaste a ese chico? ¿Qué pasó justo antes de eso?».

Luego, cuando sepa la respuesta a esa pregunta, reúnase con el director, el otro niño y sus padres. Es mejor si ambos niños declaran, sin interrupción, su relato de lo sucedido. Un moderador, como el director, debe hacer las preguntas: «Entonces, cuando estabas en las barras colgantes, Nathan dijo "tal cosa". ¿Qué dijiste?». Al «volver a contar» la historia y pedir una confirmación, las mentiras pueden desenredarse con rapidez y la verdad se manifestará. Es mejor que suceda ahora que en el futuro con los dos gastando en abogados.

En el camino a casa, tanto usted como su hijo están tensos. Lo mejor que puede decir es: «Bueno, a mí no me gustaría volver a pasar por eso,

¿y a ti?», con una sonrisa. Luego agregue algo como: «Creo que ambos necesitamos un descanso antes de volver a hablar sobre esto. Entonces, ¿qué te parece un refrigerio cuando lleguemos a casa y nos reunimos después de una hora, más o menos, para hablar en la sala?».

Cuando ponga un pie en su casa, los dos se toman ese tiempo. Pero una hora después, siga con lo que dijo que haría.

—Bien, ahora que todo lo relativo a esa experiencia no tan divertida se ha calmado, me gustaría saber algo... ¿Qué crees que podrías hacer diferente la próxima vez si tuvieras una situación así?

Créame, su hijo de seis años prestará atención. Después de todo, él esperaba que la justicia de los padres le cayera, pero —en cambio— le está pidiendo su opinión.

—Ah, sé que lo que hice estuvo mal, y lo siento, mamá.

Sin que le dé un sermón, él ya está aceptando la responsabilidad de sus acciones, que según él son erradas. ¿Ve cómo funciona esto?

Él continúa.

—No debería haberlo golpeado. Pero no me gusta cuando los niños se burlan de mí.

Su radar parental se pone en alerta.

—Así que justo antes de eso, él se burló de ti por algo.

—Sí —él se desploma—. Dijo que yo no tenía padres.

—Y él pensó eso porque...

Él se voltea y dice:

—Porque papá y tú no fueron a nuestra obra.

Y ahí está: esa es la razón del mal comportamiento de su hijo. Justo cuando se sentía solo en el mundo en la escuela —y probablemente un poco avergonzado porque era el único niño sin padres allí—, un compañero de clase punzó su debilidad.

—Y realmente querías que estuviéramos allí.

—Sí.

Eso, padre, madre, es la verdad desnuda de *por qué* ocurrió la situación. Por difícil que sea escucharlo, qué bueno que lo descubra ahora, en los primeros años de su hijo, cuando los riesgos son menores de lo que serían si él fuera un adolescente de dieciséis años que luchó a puño limpio con otro chico. Usted no dormirá bien esta noche, mientras luche con los próximos pasos a dar. Pero conocer la verdad, que su hijo anhela su atención y la participación suya en su vida, y que nadie más que usted lo hará, es la base sobre la que puede construir.

Para construir una catedral, debe comenzar con un ladrillo. La buena noticia es que pueden crear esa estructura duradera juntos, y cada minuto que pasen colocando esos ladrillos valdrá la pena.

Juntos, pueden buscar formas de convertir esa energía negativa que llevó a su hijo a golpear a otro niño en un diálogo entre ustedes dos que pueda promover la conversación y las acciones positivas. Algún día en el futuro, ambos reflexionarán en este momento y lo verán como un instante crucial en su relación como progenitor e hijo.

Comportamiento # 5: el cadete espacial de ocho años de edad

Deje esa mochila afuera, a merced del clima: lluvia, sol o nieve. Aun mejor si tiene algo de excremento del perro de la vecina Ella es quien tiene que llevar la mochila a la escuela en cualquier forma que se encuentre y explicarle a la maestra por qué su tarea es ilegible. Si la rescata ahora, la está preparando para aún más años de rescates. Ahora es el momento de dejar que las fichas caigan donde caigan... o deje que la mochila se quede donde está.

Simplemente cierre las persianas de la cocina para que no pueda verla y sentirse tentada.

Comportamiento # 6: La actriz de la tarea de matemáticas de nueve años de edad

En el instante en que esa niña inicie su pataleta y comience su espectáculo, dígale: «Estoy segura de que lo resolverás». Luego salga del escenario, fuera de la vista y de la audición para que no sienta la tentación de regresar a ayudarla.

Es probable que ella pruebe con cualquier otro padre o madre en el hogar y luego con sus hermanos, el mayor primero, ya que sabe que es el más responsable. Pero usted ya les ha dado pistas a todos para que no la ayuden.

Esto puede parecer desalmado, pero es la única forma de averiguar si su hija realmente no comprende las matemáticas, está atrasada en los conceptos matemáticos y necesita ayuda, o si es simplemente una vaga y no le gusta hacer su tarea.

Deje pasar unos días. Indíquele al maestro que le interesa saber cómo progresa su hija en matemáticas. Si le parece que es un problema, pregúntele a la maestra si podría recomendarle ayuda adicional para su hija después de la escuela.

No permita nunca que las escapadas nocturnas de su hija sean el termostato que controle la temperatura de su hogar.

No permita nunca que las escapadas nocturnas de su hija sean el termostato que controle la temperatura de su hogar. No es justo para usted ni para las personas que viven allí.

Cuando la vea finalmente trabajando duro en su tarea, pase por un lado de ella y dígale: «Me alegra mucho verte trabajar en tus matemáticas. Sé que no es el tema más fácil para ti. Pero creo en ti. Qué bueno que lo abordaste inmediatamente después de la cena.

Ahora, esa es una atención positiva que la motivará a trabajar aun más duro, porque en secreto le encanta cuando puede hacerla feliz.

Buen trabajo mamá.

Comportamiento # 7: el malhumorado y desordenado de diez años de edad

Lo siento por el niño que se mueve de un lado a otro entre dos casas como una pelota de ping-pong. Esa es una existencia terrible. Peor aún si parece inútil. El niño tiene razón. Si su padre no le está prestando atención, ¿por qué exactamente está allí? El problema es que no siempre se puede luchar contra un acuerdo judicial. Es más fácil insistir en compartir la custodia, especialmente si se trata de una venganza contra un ex, que llevarla a cabo.

Permita que su hijo respire un poco. Observe que estará de mal humor cuando entre por la puerta y que eso es un grito para llamar la atención: *Por favor, tenme en cuenta. Nota que estoy en casa. Necesito saber que te importo y si no me dejarás.*

Abrácelo y extiéndale una sonrisa cuando entre, aunque parezca que le rechaza. Tenga lista su comida favorita (incluso si no es una buena cocinera y tiene que cocinarla en el microondas) para darle la bienvenida a casa. Aunque no se la coma, lo que cuenta es el gesto. Dele una hora y él la recalentará.

Su mal humor es un grito para llamar la atención: Por favor, tenme en cuenta.

En algún momento de la próxima semana, cuando parezca estar de mejor humor, diga: «Me di cuenta de que pareces deprimido los domingos por la tarde, cuando vuelves de casa de tu padre. Sé que ha sido difícil para ti desde el divorcio. A menudo también estoy triste. Pero quiero que sepas que te extraño cuando no estás aquí, y me alegro cuando vuelves a casa. Eres muy importante para mí».

Usted no hizo preguntas como: «¿Por qué estás tan deprimido?» o «¿Qué está pasando allí que te pone de mal humor?». Usted es su madre, no un investigador privado. No puede controlar lo que sucede en la casa de su ex, solo lo que sucede en su propia casa.

Simplemente diciendo lo que expresó, está prestándole atención de una manera positiva y asegurándole su amor y su cuidado. También le está abriendo la puerta para hablar sobre sus sentimientos, sin señalar que es un cascarrabias, al decir que a veces usted también se siente triste.

No existe el divorcio fácil. Pero juntos, los dos pueden superar los tiempos difíciles y usarlos para unirlos como lo haría un superpegamento.

No significa que, en otro momento, no aborde su mal humor si se lo dirige a usted. Hay una gran diferencia entre hablarle mal *acerca* de usted y lanzar toda clase de insultos dentro de su rango de audición porque siente que la vida no es justa. Nunca, nunca debe aceptar la falta de respeto de sus hijos. Pero a veces tiene que extenderles lo que le gustaría que le ofrecieran a usted: un poco de gracia inmerecida cuando está en una situación difícil.

Comportamiento # 8: el mago de once años de edad que sale del escenario por la izquierda

Su hijo de once años puede estar molestando a su hermana, pero estoy seguro de que la pequeña monada está haciendo su parte para irritar a su hermano mayor. El hecho de que sea más joven y parezca inocente no significa que lo sea. Los bebés de la familia saben exactamente cómo meter en problemas a sus hermanos mayores y, por lo general, eso incluye gritar a mamá y a papá por ayuda y parecer indefensos.

> *La forma más rápida de terminar una pelea entre hermanos es encerrarlos en una habitación y decirles: «No salgan hasta que resuelvan el problema».*

Hay una razón por la que *la rivalidad entre hermanos* es una expresión tan familiar para la persona promedio… a menos que sea hijo único, por supuesto.

Esto es lo que sugiero: la próxima vez que su niñita diga: «Mamá», no vaya. Esa bebé es mucho más ingeniosa que lo que usted puede imaginarse y es experta en meter en problemas a su hermano. Si usted no aparece, el drama muere por falta de audiencia. Aun más, sé que el hermano está en algún lugar al alcance del oído para que pueda disfrutar plenamente del drama que cree que se desarrollará. Si usted no se presenta, la diversión se esfuma.

Si la bebé se le acerca huyendo, dígale: «Bueno, estoy segura de que ustedes dos pueden manejar eso solos» y aléjese.

La bebé —aturdida probablemente— le seguirá, como su sombra secreta siguiendo su rastro para escuchar las consecuencias. Pero entre en otra habitación, cierre la puerta y dedíquese a sus asuntos. Sin su atención, la pelea será de corta duración. De hecho, la forma más rápida de terminar una pelea entre hermanos es encerrarlos en una habitación y decirles: «No salgan hasta que resuelvan el problema».

La mayoría de las veces hay un silencio muerto. Los dos se miran, dejan caer la cabeza y se avergüenzan. La pelea que era solo para su beneficio termina rápidamente.

En resumen, preste atención cuando están haciendo cosas positivas. Manténgase alejada de sus disputas y deje que ellos mismos encuentren una solución. Es la ruta más rápida hacia la paz en el reino.

Comportamiento # 9: la insolente de trece años de edad

No permita nunca que un niño se salga con la suya mostrándole falta de respeto, lo que incluye la insolencia. Usted tiene la etiqueta de padre o madre por una razón. Usted es mayor y, por lo tanto, debe ser más maduro y más sabio. Debe elegir los momentos más oportunos para expresar su insatisfacción con el comportamiento de su hijo.

Esto es lo que quiero decir. No logra nada si dice: «¿Cómo te atreves a hablarme así? Pujé durante dieciocho horas para darte a luz». O: «¿Sabes quién soy? Soy tu *padre*. Será mejor que muestres algo de respeto».

En lugar de eso, deje que la excéntrica de trece años diga su parte y se retire con su acostumbrado gesto teatral dándole un golpe a la puerta. Vaya a dar un paseo, o mejor aún, vea y resucite esa antigua pera de boxeo que tiene en un rincón polvoriento del garaje. Le aseguro que se sentirá mejor.

> *Manténgase alejada del espacio de la reina del drama y agrupe sus pensamientos.*

201

Manténgase alejada del espacio de la reina del drama y agrupe sus pensamientos. Usted sabe que confrontarla no da resultado. Ella dispara tantas insolencias que sus órganos internos comienzan a calentarse. Así que esta vez lo hará de manera más inteligente. Tanto por su mejor interés a largo plazo como por el de usted, va a esperar y ser paciente.

Más tarde esa noche, ella quiere ir a la casa de su amiga para una reunión programada. Usted, por supuesto, es el servicio de taxi.

—Mamá, son las siete. Vamos —dice ella y se dirige al auto.

Después de estar sentada en el asiento del pasajero durante unos minutos y usted no aparece, ella vuelve a decir de golpe:

—¡Mamá! Vámonos. Necesito llegar donde Ashley.

—No esta noche —dice usted y se dirige a la sala de la televisión. Levanta sus pies, hace clic en el control remoto y comienza a revisar los canales.

Ella le da vueltas a usted, saltando de un pie a otro.

—Mamá, ¿qué te pasa? Ya estoy tarde para ir a la casa de Ashley.

—No vamos a ir.

—Pero ¿por qué? Siempre voy donde Ashley los jueves por la noche.

Ahora es su momento aleccionador.

—Porque no aprecio la forma en que me hablaste antes; así que no tengo ganas de ir —y cambia a otro canal.

Ella cayó en cuenta y reconoció su falta. Entonces su voz se suaviza.

—Lo siento mamá. Sabes que no quise decir eso. Estaba molesta.

—Entiendo y te perdono. Gracias por disculparte.

—Entonces —dice ella—, ¿estamos bien ahora? ¿Puedo ir a casa de Ashley?

Este es el momento más difícil de todos. Tiene que mantenerse firme.

—Sí, ya estamos bien, pero no irás a ninguna parte esta noche.

Ella rogará, suplicará, llorará, intentará cualquier cosa que le haya funcionado antes, pero usted permanece imperturbable. Ella no va a ninguna parte esa noche. Se quejará por el hecho de que su vida social ha terminado. Después de todo, ella tiene el vergonzoso deber de decirle a su amiga que no puede ir. Ya sea que la culpe o invente otra excusa, el resultado es el mismo. Esa chica está confinada en su casa esa noche. Aun más, ella sabe que usted habla en serio. Claro, ella podría probarla de nuevo... y pronto. Pero si continúa manteniéndose firme, ella recibirá el mensaje. Contestarle no le hará ganar nada. De hecho, fracasará con repercusiones que definitivamente no son lo mejor para su vida social o cualquier otra cosa que quiera hacer.

Comportamiento # 10: el ángel de catorce años suspendido

Hablemos simple y llanamente. Los padres quieren hijos felices y piensan que es culpa de ellos si no lo son. Pero, ¿es usted siempre feliz? Entonces, ¿por qué su hijo debe serlo?

Los padres que intentan brindarles a sus hijos una experiencia tipo Disneylandia no les están haciendo ningún favor. Piénselo. Cuando su hijo obtenga su primer trabajo, ¿será el objetivo de su supervisor hacerlo feliz? ¿O será hacer el trabajo y hacer felices a los clientes? Es mejor que su hijo experimente un poco de infelicidad ahora y no mucha infelicidad más tarde porque ha crecido en un mundo de fantasía que no puede cumplir en el mundo real.

Siempre he dicho: «Un niño infeliz es un niño sano». Los niños infelices, si no son aplacados, llegan a comprender que el mundo no gira en torno a ellos. Los demás cuentan. Ellos no son el centro del universo. Conceptos bastante importantes que cualquier niño que va a convertirse en adulto necesita aprender, ¿verdad?

Entonces, déjeme preguntarle: ¿Qué tiene su hijo de catorce años que no le dio? Tiene un techo sobre su cabeza, al menos tres comidas completas y acceso gratuito a todos los bocadillos que pueda desear, alguien que lava su ropa, una computadora de juego a su entera disposición y su iPhone con una tarjeta de iTunes de cien dólares que le regaló su abuela debido a que se sintió mal porque tuvo que quedarse encerrado en casa solo. Ahora ni siquiera tiene que ir a la escuela, aunque su hermana que tiene puras A sí lo hace, y sus padres están ausentes todo el día, así que puede hacer libremente lo que quiera.

Puede ser que al principio le parezca bien esa vida, pero los aspectos positivos de la misma se desgastarán. Los humanos somos criaturas sociales. Él ya siente la falta de una vida social ya que su nueva pandilla está en la escuela y sus amigos de la infancia en su antiguo hogar. Los mensajes de texto solo pueden ayudar hasta cierto punto, ya que sus amigos a veces tienen que prestar atención a la escuela.

Así que, aunque esté ocupado con ese nuevo trabajo, estableciendo su nueva morada y todas las otras transiciones que obliga una mudanza (incluido explorar una nueva tienda de comestibles y encontrar un estilista), él quiere asegurarse de que le preste atención cuando llegue a casa. Es por eso que hace un desastre en la casa y no hace lo que usted le pide. Entonces se ve obligado a involucrarlo con él.

Quiero que pruebe algo. Se llama «tratamiento a pan y agua». Al principio, puede pensar que esto es duro, pero tenga paciencia conmigo y vea cómo se desarrolla. Después de todo, está leyendo este libro porque el comportamiento de su hijo le está volviendo un poco loco, y quiere verlo cambiar, ¿verdad? Entonces siga leyendo.

Invada su mundo con una breve conversación. «Sé que cambiar de escuela y mudarse no es fácil para ti, pero no eres el único que lo está pasando mal. Tu comportamiento está haciendo nuestra transición aún más difícil.

> *Quiero que pruebe algo. Se llama «tratamiento a pan y agua».*

»Tú eres parte de esta familia, una familia que trabaja y juega unida. Como tal, obtienes ciertos beneficios, como un techo sobre tu cabeza, alimentos para comer y una asignación mensual para ropa y diversión con tus amigos, como películas y tacos después de la escuela.

»Tu mamá y yo vamos a trabajar a las siete todos los días y trabajamos hasta las cinco y media de la tarde. Tu hermana se va a la escuela a las ocho y llega a casa a las tres y media. Tu trabajo consiste en hacer de cuatro a cinco horas de tarea escolar por día para que puedas volver a clases en un mes después de que no estés suspendido. Hasta que vuelvas a la escuela, ya sabes que no saldrás de esta casa a menos que sea una salida aprobada por la familia con el resto de nosotros.

»Como tienes tiempo extra en casa que tu madre, tu hermana y yo no tenemos, también debes contribuir a nuestra familia. Quiero que hagas tres cosas. Los martes y los jueves, prepara una cena sencilla que esté lista para las seis de la tarde. Lava toda la ropa que está en la lavandería el miércoles por la mañana, incluyendo también secar, doblar y llevar las pilas de ropa a las habitaciones correspondientes. Y aspira la casa dos veces por semana, una vez durante la semana y otra el fin de semana».

Exprese sus expectativas de forma sencilla. No lo siga con ninguna amenaza, como: «Si no lo haces, jovencito, te haré la vida imposible». O: «No podrás salir de esta casa hasta que tengas ochenta años». Si en el pasado ha retrocedido, él sabe que usted no cumplirá esas amenazas.

> *Exprese sus expectativas de forma sencilla. No lo siga con ninguna amenaza.*

Luego usted se aleja y lo deja en ese lío de dormitorio.

¿Qué está pensando ese chico? *Guau, me salí de eso fácilmente. No tengo que hacer nada. Papá se calmará mañana y la vida volverá a la normalidad... solo que yo me quedo de vacaciones.*

Él no sabrá qué lo golpeó hasta el martes, cuando se pasee por la cocina y toda la familia esté desaparecida. Todo lo que encuentra es una nota:

Brian, no vimos la cena que debías preparar, así que salimos a cenar al restaurante Outback Steakhouse. Regresaremos alrededor de las ocho. Hasta entonces.

Ahí se queda en estado de shock, sosteniendo el papel. Tarda una buena media hora antes de comenzar a buscar en el refrigerador algunas sobras. Mientras mastica los espaguetis fríos del fin de semana, todo lo que puede pensar es: *Desearía que fuera un bistec.*

Luego llega el domingo. Le entrega la mesada a su hermana, luego le da a su ángel suspendido un sobre extrañamente liviano.

Lo abre y ve una moneda de veinticinco centavos en él.

—Oye, papá, ¿qué pasa? —exclama.

Usted se encoge de hombros y dice:

—Ah, eso es lo que queda después de usar lo que necesitábamos para salir a cenar el martes.

Su hija, Brittany, se arroja hacia usted y le abraza.

—¡Gracias, papá!

Su hijo levanta una mirada sospechosa.

—¿Por qué le estás agradeciendo?

Ella sonríe.

—Bueno, no pasaste la aspiradora, así que papá me pagó por hacerlo.

Ahora ha golpeado a su hijo donde realmente le duele. No solo perdió toda su mesada, excepto veinticinco centavos, sino que la perdió ante su enemiga mortal, su hermana. Y él sabe que ella le restregará eso por el resto de su vida.

Le apuesto cien dólares a que ese chico comenzará a ocuparse de la casa. Y tampoco es probable que haga otra movida de ángel suspendido.

Es sorprendente cómo funciona la disciplina de la realidad, ¿no es cierto? Y mírese… sin sermones, sin presión arterial alta.

Comportamiento # 11: el irresponsable de quince años que pasea en carros ajenos

Está bien, ese chico llamó su atención, pero necesita una lección de responsabilidad y que aprenda a rendir cuentas.

Si no puede seguir reglas básicas, tales como: «Uno de los padres tiene que estar en el automóvil cuando conduces con un permiso de principiante» y «No se permiten amigos en el automóvil cuando conduces con un permiso de principiante», no tiene nada que ver con conducir un vehículo en el que tenga el potencial de matarse o matar a alguien más». Sin rodeos, no es lo suficientemente maduro como para estar detrás del volante.

No obstante, volvamos al momento en que recibió la llamada telefónica de la policía. Si fuera yo, no habría dicho: «Allí estaré, oficial». Hubiera tenido una conversación amistosa con ese oficial que sería algo como esto: «Gracias por llamarme, oficial... No, mi hijo no tenía mi permiso para tomar el auto cuando se fue de paseo con su amigo... Estoy de acuerdo en que esto nunca debería volver a suceder. Así que me gustaría que hiciera lo que haría con un conductor menor de edad que no sigue las reglas... Ah, ¿ya le dijo que su permiso de principiante sería revocado? Bueno. Tampoco creo que sea una buena idea para él estar al volante ahora. Tal vez en un año o dos sea más maduro...

»¿No podría obtener su licencia hasta que tenga dieciocho años? Aun mejor. Hágame un favor, si puede. Deje que mi hijo se siente ahí en la estación de policía por unas horas. Luego me apareceré. Quiero asegurarme de que comprenda y sienta el peso de esta situación».

Si usted tuviera ese tipo de conversación con el oficial, en lugar del padre típico inventando excusas para el hijo errante, él o ella probablemente se sorprenderán de lo equilibrado que es. Cuando llegue a esa estación, el oficial le dará la mano y se dirigirá a usted con respeto. ¿Su hijo? Él estará sentado en un banco de un rincón, luciendo como un cachorro hambriento bajo una lluvia.

¿Quería su atención? Bueno, la obtuvo... y algo más. Dudo que haga algo así muy pronto.

El problema es que lo que hizo no es un asunto menor. Tuvo cuatro faltas en su contra: tomó las llaves sin permiso, condujo sin un adulto en el automóvil, tenía un amigo de acompañante y chocó con otro vehículo. En béisbol, la regla es «tres *strikes* y estás fuera».

¿Qué hace usted ahora? Está en una situación difícil. Sabe cuánto quería obtener su licencia... y que le volverá loco si no puede conducir pronto. Pero también está avergonzado y más que un poco asustado. Una cosa es un parachoques abollado. El aumento de las tasas de seguro es otra. Y el potencial de que él pudiera haber matado a la dama que iba detrás del volante del otro auto hace que el corazón de usted se acelere.

Si no desea que esto vuelva a suceder y quiere que su hijo se convierta en un adulto responsable, es hora de un momento aleccionador que él va a sentir por un tiempo. No lo rescate. Responsabilícelo de sus acciones.

No lo rescate. Responsabilícelo de sus acciones.

Él puede culpar a cualquiera en el mundo, incluido usted, por no ir con él, y probablemente lo intentará. Pero la conclusión es que sus propias acciones llevaron a su caída.

Por lo tanto, él no puede intentar obtener su licencia hasta que cumpla dieciocho años. Entretanto, gastará muchos calzados deportivos con sus largas caminatas y tendrá que pedir aventón (vergonzoso cuando se tienen dieciséis y diecisiete años, y todos sus amigos son conductores). Claro, puede llevarlo a algunos lugares, pero su único trabajo no es ser su chofer.

En su último año de secundaria, cuando se dé cuenta de que tiene que pagar por pasar por una escuela de manejo mucho más larga debido a sus travesuras anteriores, no lo rescate. Tiene que conseguir un trabajo de medio tiempo para pagar las tarifas que van más allá de las que pagó para que su hermana obtuviera su licencia hace dos años.

Cuando finalmente obtenga su licencia después de cumplir dieciocho años, todavía no manejará porque le cuesta mucho obtener un seguro y además tiene que pagar tarifas exorbitantes.

Insisto, no lo rescate. Sí, puede decirle algo como: «Le damos a tu hermana cien dólares al mes para el seguro de su automóvil mientras está en la universidad, así que cuando obtengas el seguro, te proporcionaremos lo mismo». Pero no le limpie el camino ni lo recompense por ser estúpido e impaciente. Si su hijo siente el peso de sus decisiones (a su edad, un par de años sin conducir se sentirá como una eternidad), será una persona mucho más sabia y paciente a largo plazo.

Así que manténgase firme, padre, madre. Está haciendo lo correcto.

Cuando tenga ganas de rendirse, intente dar un paseo por pura diversión y sin responsabilidad alguna. Eso despejará sus oídos y le devolverá el sentido común de padre a su lugar. Después de todo, toda esta experiencia será mucho más dura para usted que para ese hijo suyo.

Comportamiento # 12: la embaucadora de diecisiete años de edad

Guau, su embaucadora de diecisiete años ciertamente tiene su número. Ella está usando el hecho de que se preocupa por su futuro y, en qué escuela ingresa, con el fin de manipularlo para que haga el trabajo que debería hacer ella. ¿Son esas solicitudes universitarias suyas o de ella?

Si ella ingresa a una de esas universidades para las que está solicitando, ¿irá usted a la escuela con ella? ¿Va a sentarse a su lado en la clase y a tomar apuntes? ¿Escribirá sus trabajos? ¿Tomará sus exámenes? ¿Lavará su ropa?

¿También le hacía los deberes cuando ella estaba creciendo porque eran muy difíciles o eran demasiados?

Lo atrapé, ¿verdad?

Aquí hay una regla fundamental para los padres: nunca haga nada por sus hijos que ellos sean capaces de hacer por sí mismos. Si lo hace, socava el desarrollo de su autoestima.

Usted no puede fabricar autoestima para sus hijos. Tienen que ganársela por sí mismos. Nadie se siente bien a largo plazo por las cosas que se le han hecho o entregado cuando debió haber trabajado por ellas.

¿Significa eso que no puede darle algunos consejos a su hija? ¿Escuchar sus ideas sobre lo que quiere escribir para un ensayo universitario? ¿Traerle un café concentrado para su sesión de estudio antes de la prueba? ¿Ir con ella a las visitas a la universidad?

No. Usted hace todas esas cosas y más. Es su padre, después de todo. Lo necesitará en el cuadrilátero, animándola mientras lucha las batallas de la vida. Pero nunca, nunca, le haga el daño de limpiarle el camino en su vida.

La estudiante que no puede estar motivada para llenar sus propias solicitudes para la universidad aún no está lista para ingresar en ella. Tal vez necesite un año sabático para pensar en lo que quiere hacer. Tal vez necesite algo de experiencia laboral para enfrentar realidades de las que no puede escapar cuando sea adulta, como un alquiler, un seguro de automóvil, la gasolina para un vehículo, alimentos e impuestos. Tal vez ella necesite formación profesional como estilista en lugar de una universidad de cuatro años.

Usted no puede fabricar autoestima para sus hijos. Tienen que ganársela por sí mismos.

Permita que esas realidades hablen, no usted. La entrenarán mucho mejor que cualquier clase de conferencias para padres.

Sección extra # 2

*Preguntas y respuestas con el doctor
Kevin Leman: Piense y actúe en el trayecto
a un cambio de comportamiento*

---

*Las preguntas más candentes que los padres hacen...
y los consejos útiles y expertos con los que puede vivir.*

Los niños malcriados, irresponsables

P: Tuvimos a nuestro hijo y nuestra hija muy tarde en la vida y estábamos realmente felices porque al final los tuvimos. Pero a veces me pregunto si estamos haciendo demasiado por ellos. Últimamente hemos encontrado mucha actitud de parte de ellos.

El otro día mi hijo me dijo: «¿Cuál es tu problema? ¿Por qué no está listo mi trabajo de historia? Debo entregarlo mañana». Mi hija, por otra parte, suele llegar tarde a la escuela y quiere que le escriba notas para no tener retrasos injustificados. Realmente detesto tener que pensar en algo cuando sé que es porque fue demasiado perezosa para levantarse a la hora o pasó demasiado tiempo decidiendo qué atuendo vestir.

¿Cómo podemos detener este tren y ayudar a nuestros hijos a ser más responsables y menos malcriados? A veces me siento como el sirviente de ellos.

R: En serio, ¿hace usted la tarea de su hijo por él? ¿Le hace notas de excusa a su hija cuando no se presenta a la escuela a tiempo? ¿De veras? ¿Los va a seguir a la universidad y a su primer trabajo para asegurarse de que estén felices y cómodos en cada momento ahí también?

Si cree que está haciendo esas cosas por sus hijos, mírese en el espejo. No las está haciendo por sus hijos. Las está haciendo por usted, porque la idea de que su hijo e hija sean infelices, tengan dificultades, fracasen y no puedan competir con sus compañeros lo enloquece.

Sin embargo, aquí está la ironía. Hacer por sus hijos cualquier cosa que ellos pueden hacer por sí mismos realmente logra lo contrario de lo que realmente desea. Arruina su oportunidad para triunfar en la vida porque debilita su determinación, mata su capacidad de recuperación, derriba el concepto que tienen de sí mismos y disminuye su deseo de hacer cualquier cosa en la vida por cuenta de ellos mismos.

Hacer por sus hijos cualquier cosa que ellos pueden hacer por sí mismos realmente logra lo contrario de lo que realmente desea.

Si eso es lo que busca, siga haciéndolo. Si no, considere lo siguiente: hable con cualquier persona exitosa y encontrará que la lucha y el fracaso abundan en su pasado. Tómeme, por ejemplo. Yo era un estudiante tan mediocre que estaba atrapado en el grupo de lectura del nivel más bajo con los niños que comían engrudo y reprobaban una clase dos veces en la escuela secundaria. La única forma en que podía ingresar a la universidad era a prueba. La mayoría de la gente pensaba que no serviría para nada. Pero aquí estoy, hasta con un doctorado; todo porque una madre sabia me permitió experimentar algunas cosas de la vida de la manera más difícil con el fin de que despertara y llevarme por el camino correcto.

Si les limpia el camino a sus hijos, haciendo cosas que podrían y deberían hacer por sí mismos, tomando todas sus decisiones por ellos, les roba el desarrollo de los músculos psicológicos que necesitan, no solo para contribuir a la sociedad, sino también para convertirse en seres humanos decentes. Sus hijos necesitan luchar, fallar y sentir el aguijón de sus errores a veces. El fracaso y los errores son pasos en el camino hacia el éxito. Mírelo de esta manera. Si usted es feliz y todo va bien, ¿se motivará a cambiar? No. Es cuando las cosas no van bien que uno comienza a pensar: *Ah, eso no funcionó muy bien. Quizás debería intentar algo diferente la próxima vez.*

Lo mismo es cierto con su hijo. Un niño infeliz es un niño sano. Esa infelicidad lo impulsará a considerar hacer las cosas de manera diferente... si no cede, si no se siente culpable por su infelicidad y arregla la situación por él. Si lo hace, no está arreglando la situación. Está haciendo que la siguiente —así como también el resto de su vida— sea peor.

Así que deje de hacer la tarea de su hijo. Déjela justo donde él la pone, sobre la mesa. Cuando diga a la mañana siguiente:

—¿Por qué no está hecha? —usted se encoge de hombros.

—No lo sé. ¿Por qué no se ha hecho? Tú lo debes saber mejor que nadie, ya que es tu tarea —y entonces vaya y ocúpese en otra cosa.

Él no va a creer lo que está escuchando. Pensará que tiene su tarea escondida en algún lado y que lo está engañando. Entonces la fría realidad golpea, y él entra en pánico.

—Pero mamá, si no la entrego sacaré una F. Ese es un maestro riguroso y no lo va a tolerar.

—Bueno, entonces sacarás una F.

—Si saco una F, se lo dirá a mi entrenador y quedaré fuera hasta que mis calificaciones mejoren —argumenta.

—Sé que lo resolverás de alguna manera —dice usted.

Así que suda todo el día con esa clase de historia, mientras usted camina en casa con una gran sonrisa, sabiendo que ese chico pudiera atacar su tarea tan pronto como llegue.

Cuando su hija quiera esa nota, dígale con una sonrisa: «Claro, la escribiré». Pero esto es lo que anotaré:

Estimado director:

Mi hija estaba demasiado perezosa para salir de la cama esta mañana, así que hoy llega tarde a la escuela. Por favor, haga con ella lo que hace con los niños que llegan tarde sin una razón justificable. Muchas gracias.

Sí, se avergonzará, especialmente si está acostumbrada a que le escriba las notas sin siquiera leerlas. En caso de que ella decida mirar esa nota, prepárese con anticipación. Configure su teléfono celular para que no suene y guárdelo lejos de usted. No revise sus mensajes de texto hasta que termine su día escolar.

Como ha llegado a tales extremos, es muy probable que su hija salga de la cama mañana justo cuando suene la alarma.

No les limpie el camino a sus hijos. Todos los niños necesitan aprender a limpiar un poco de suciedad, aunque vivan en lo más limpio del sur de California.

El holgazán con las tareas del hogar

P: Queremos que nuestros hijos, que tienen doce y catorce años, tengan una buena ética de trabajo, por lo que les asignamos tareas rotativas en el hogar. Por ejemplo, en el mes de enero, nuestro hijo de doce años es responsable de los platos los miércoles y los viernes, y el de catorce es responsable de pasar la aspiradora dos veces por semana. En febrero cambian. También les damos una asignación semanal y esperamos que compren su propia ropa escolar porque queremos que aprendan a ser financieramente responsables.

Sin embargo, últimamente nuestro hijo de doce años se está acostumbrando a no hacer las tareas asignadas. Cuando lo enfrento al respecto, se queja de que le damos demasiado trabajo.

Así que dimos el siguiente paso y lo multamos sacando dinero de su asignación. Por cada noche que no las hiciera, deduciríamos diez dólares. No está funcionando. Todavía no hace sus quehaceres. ¿Alguna sugerencia? No es que no podamos hacer el trabajo nosotros mismos, sino que queremos criar niños responsables.

R: Me alegro por ustedes. Tienen el objetivo correcto en mente. Es simplemente su seguimiento lo que necesita algo de trabajo. Si le están dando una asignación generosa, deducir diez dólares probablemente no sea suficiente.

¿Cuánto le costaría hacer que una persona venga y aspire su casa por la noche? ¿O pase una hora lavando los platos y limpiando su cocina? Consulte en línea y busque un estimado de un servicio profesional e imprímalo. Luego, cuando sea el momento de proporcionar su asignación, guarde ese estimado dentro y deduzca la cantidad de su sobre personal.

No estará feliz. Por otra parte, usted tampoco, porque él no está haciendo la parte que le corresponde en la casa. Pero esta semana que viene, ese chico probablemente va a lavar esos platos o pasar la aspiradora. Si no lo hace, pasa a la ronda dos o tres hasta que no quede nada en ese sobre.

Manténgase firme en este caso. No puede darse el lujo de retroceder.

Si realmente está tan ocupado que no puede ayudar a su familia, está demasiado ocupado y necesita reducir sus actividades extracurriculares. La regla en nuestra familia era una actividad por semestre, ya que teníamos cinco hijos. De lo contrario, nunca nos habríamos cruzado, excepto en la ventanilla del restaurante de comida rápida.

No reconozco a mis hijos después del divorcio

P: Soy la madre de un niño de ocho años y otro de catorce. Mi esposo se separó hace un año y estamos en el proceso de divorciarnos. Yo soy quien tuvo que decirles eso a mis hijos. Desde entonces, mis hijos, una vez bien educados, se han convertido en un desastre. Mi hija, que solía ser tierna y alegre, ahora es una melodramática que no puede lidiar con nada. Y ni siquiera reconozco la mitad de las palabras que salen de la boca de mi hijo... si es que me habla.

No puedo evitar pensar: *Esto es culpa mía y de mi ex, no de ellos.* Incluso les dije eso. Pero me tratan como si yo fuera el enemigo, cuando todo lo que intento hacer es ayudarlos.

El otro día mi hijo golpeó la pared con el puño y gritó: «Te odio. Quiero ir a vivir con papá». Todo porque dije que yo no podía pedir la pizza que él quería comer con sus amigos. No importaba que tuviéramos una nevera llena de buena comida. No podía tener lo que quería.

Eso realmente duele. Créame, quería enviarlo a su padre... permanentemente. Pero amo a mis dos hijos y sé que el ambiente en mi casa es mucho mejor. Ni siquiera entraré en el desfile de las aventuras que mi ex tuvo como acompañante, o la última mujer con la que vive en este momento. Mis hijos no saben al respecto, y es todo lo que puedo hacer para mantener la boca cerrada.

Me parece que estoy haciendo todo mal, ¿qué puedo hacer bien? Necesito algo de ayuda.

R: No existe un divorcio fácil, para ninguna de las personas involucradas. Los niños del divorcio se sienten como una espoleta o hueso de la suerte del pavo después del Día de Acción de Gracias, con mamá tirando por un extremo y papá por el otro. Pueden pensar:

- «¿Por qué *mi* familia tuvo que desmoronarse?».
- «Si mamá y papá no se aman, ¿ya no me amarán?».
- «Si papá se va, ¿no lo volveré a ver?».
- ¿Es culpa mía? ¿Me odian?
- «¿Qué pasa si no podemos mantener nuestra casa? ¿Tendré que mudarme? ¿Cambiar de escuela?».
- «¿Papá y mamá nos dividirán a nosotros? No siempre me gusta mi hermana, pero quiero vivir con ella».

La mayoría de los padres se lanzan al frenesí de decir «no es tu culpa», pensando que será más fácil para los niños. «Esto es entre nosotros, los adultos», dicen. «No tiene nada que ver contigo».

¿Nada que ver conmigo? Tiene todo que ver conmigo, piensa la chica. Esa clase de golpe destroza la vida como ella la conoce. Así que, para protegerse, adopta uno o más mecanismos de defensa comunes:

- *Ella se esconde o actúa como si el divorcio no importara.* Y piensa: *Si me acuesto, tal vez todo esto explote.* Oculta sus sentimientos y trata sola con preguntas aterradoras como: «¿Y si mamá también se va?». Por la noche, en silencio, llora hasta quedarse dormida.

- *Él se convierte en el adulto.* Cuando mamá se vuelve frágil, trata de calmar las aguas agitadas y trabaja duro para pasar el mismo tiempo con cada padre para que ninguno se sienta excluido.

- *Él se enoja o ella se convierte en una melodramática.* Él golpea a todos a su alrededor para llamar la atención a propósito. Ella reacciona de forma exagerada debido a su estado emocionalmente desordenado y su carga de dolor.

Usted también está sufriendo, ¿qué es lo que más necesitan sus hijos de usted?

Necesitan que usted sea el adulto.

El divorcio ha arrojado una bomba sobre su familia, por lo que es comprensible que su hijo esté molesto, más aún si ya es parte del grupo hormonal. Así que dele un poco de gracia, pero no disculpe la falta de respeto y el lenguaje grosero. Aunque el calor del momento no es el mejor instante para enfrentarse a los comportamientos negativos, al día siguiente es juego limpio.

Dígale: «Volvamos a lo que sucedió ayer. Sé que te duele, pero lo que dijiste realmente me dolió. Soy tu madre, no tu saco de arena psicológico.

Vamos a superar este momento difícil juntos, pero quiero hacerlo de una manera saludable. Haré mi parte lo mejor que pueda, pero necesito que hagas la tuya lo mejor que puedas también. ¿Podemos estar de acuerdo en eso?».

Sea ese líder decisivo que necesita su hijo (solidario, comprensivo, positivo, orientado a la acción) y proporcionará un entorno estable incluso en un momento estresante.

No *necesitan rebotar como una pelota de goma.*

La culpa es propulsora de la mayoría de las decisiones pésimas después de un divorcio, por lo que debe hacer la menor cantidad de cambios posible. Sí, es posible que deba cambiar de vivienda o distritos escolares, pero mantenga las cosas lo más «normales» que pueda para su hijo, incluida la conexión con los viejos amigos.

Con la mayoría de los divorcios, los padres quieren dividir a los niños por la mitad, pero ese enfoque afecta a los chicos que ya están estresados. Es por eso que, por improbable y loco que parezca, les digo a las parejas que se divorcian: «Si están tan dispuestos a pasar el mismo tiempo con sus hijos, entonces múdense ustedes dos de un lugar a otro y dejen que los niños se queden en su propia casa». Después de todo, ¿quién es el adulto aquí?

No *necesitan participar en el juego de «Papá contra mamá».*

Es probable que su ex no sea su persona favorita, pero no use a sus hijos como una caja de resonancia para sus disputas. Despreciar a su ex solo es pedirles a sus hijos que lo conviertan en el «Padre del año». Entonces, por el bien de ellos, extienda una rama de olivo, aunque él no se lo merezca. No extraiga información sobre lo que hicieron con su ex o con quién estuvo allí. Usted no tiene licencia para ser un investigador privado.

En lugar de eso, proporcione un ambiente cálido (¡la comida ayuda!) Y un espacio libre de estrés para regresar. Si quieren hablar, créame, lo harán, por su propia voluntad, y aprenderá mucho más de lo que aprendería a través de cualquier técnica de extracción conocida por la humanidad.

La lucha de poder con una pequeñuela

P: Estamos sosteniendo una gran lucha de poder con nuestra hija de tres años. Ella ha sido entrenada para ir al baño desde que tenía dieciocho meses y duerme toda la noche. Pero últimamente se ha levantado cinco o seis veces por noche para ir al baño. Cada vez que lo hace, vaga por el pasillo para encontrarnos e interrumpe todo lo que estamos haciendo. Mi esposa y yo estamos exhaustos, frustrados. Ya no tenemos tiempo a solas, y ambos tenemos ojeras. No creo que haya un problema físico porque después de la tercera o cuarta vez todas las noches, ella dice: «Mamá, papá, ¿están enojados?»

Creo que nos está manipulando. ¿Cómo podemos hacer para que se quede en la cama?

R: Usted tiene razón. Ella lo está manipulando y usted está cayendo en la trampa.

Tiene una hija de voluntad fuerte, sin duda. Pero ella no se volvió así sola. Alguien de la familia le enseñó ese mal comportamiento. No señalaré a nadie con el dedo, pero tal vez sea uno o ambos de sus padres.

Ahora, existe una probabilidad de uno en un millón de que haya una razón médica por la que su hija tenga que ir tanto al baño. Puede ser bueno preguntarle al pediatra en su próximo chequeo. Sin embargo, si ese fuera el caso, esa niña podría levantarse, ir al baño sin toda la fanfarria adicional y volver a la cama.

Tiene una hija de voluntad fuerte, sin duda. Pero ella no se volvió así sola.

En su caso, dudo mucho que haya una razón médica. Se trata de mover la cadena parental. Hay una gran pista en su pregunta: «Mamá, papá, ¿están enojados?». Ese querubín suyo sabe exactamente lo que está haciendo. Si le ha dicho: «No, quédate en la cama» a sus pedidos de bebidas y ha dicho que no a sus pedidos de que se agregue un quinto oso de peluche a sus animales nocturnos después de que ya está en la cama, pero ha dicho que sí a ir al baño, ese pequeño momento se ha consolidado en su cerebro. Así que, si digo que tengo que ir de madrugada, entonces puedo levantarme y explorar la casa y descubrir qué están haciendo esas personas grandes. Y ella le tiene entre la espada y la pared ya que usted sabe que los niños tienen que ir al baño, por lo que es imposible que le diga que no.

Padre, madre, tengan cuidado. Cualquier patrón que establezcan ahora se mantendrá y podría continuar hasta que ella vaya a la universidad. Entonces, hay momentos en los que tienen que dibujar la línea como padres.

Mi primogénita, Holly, era de carácter fuerte. Un día, cuando se estaba portando mal, la puse en una silla en su habitación y le dije que se quedara sentada. Ella no lo hizo. Salió y me siguió. La segunda vez que la puse de nuevo en esa silla, salí y cerré la puerta. Cuando trató de salir, sostuve la puerta cerrada.

Puedo escuchar a algunos de ustedes decir: «¿Cómo pudiste? Es posible que hayas hecho daño a la psiquis de tu hija».

No, esa niña determinada es una superintendente muy exitosa de un distrito escolar grande en la actualidad.

Nunca le daría ningún consejo que no haya usado con mis propios hijos. Así que aquí está: ahora necesita jugar agresivo, mientras todavía tiene todas las cartas. El hecho es que ahora puede hacer que se quede físicamente en esa habitación. Si no aprende ahora, ¿cómo será cuando sea adolescente?

Tan pronto como un niño sepa que usted puede hacer que se quede en una habitación, retrocederá. A la mayoría de los chiquillos no les gusta la idea de que se cierre una puerta. Por eso, cuando se van a la cama, dicen: «Deja la puerta abierta, papá». Y a muchos de ellos les gusta una luz nocturna, que por supuesto evita que los monstruos que están debajo de la cama salgan.

Como los niños anhelan la rutina y encuentran seguridad en ella, establezca una para acostarse. Entonces no deje que ese poderoso niño lo manipule.

Sande y yo tuvimos a Holly cuando éramos padres jóvenes y tontos. De hecho, ella era nuestra conejillo de indias, y aprendimos mucho sobre qué no hacer con los próximos cuatro hijos que tendríamos.

Cuando Holly se estaba preparando para acostarse, hacía todo lo posible por alargar la rutina de la hora de dormir. Señalaba varias cosas en la habitación y decía: «Quiero eso». Así que, con amor, yo iba a buscar ese animal de peluche. Tan pronto como regresaba, ella señalaba algo más. «Quiero eso». Así que papá iba a buscarlo.

Cuando la llevaba a la cama, apenas tenía espacio para la pequeña Holly en mis brazos. Estaba tambaleándome bajo la carga de tantos peluches y otros artículos de parafernalia. Esa niña que era más corta que una vara de medir tenía a su viejo papá manipulado con su dedo hasta que tomé mi propio consejo como psicólogo.

Así que, establezca una rutina para acostarse. Puede ser leer un libro o cantar juntos una canción u orar juntos, si usted es una persona de fe. Quizás le dé un beso y un abrazo de buenas noches a su hija y encienda la luz de la noche. Pero después de decir «Buenas noches. Te amo», eso es todo. El fin. Final. La niña se queda en la cama y usted continúa con el resto de su vida adulta.

No se prepare para el fracaso continuo. Sea breve, amoroso y firme en sus rituales. Entonces diga buenas noches.

Si ella se levanta de la cama para ir al baño y lo sigue por el pasillo en lugar de regresar a su habitación, dígale: «Regresa a tu habitación. Es la hora de dormir». Si no lo hace, la lleva de regreso a su habitación y cierra la puerta. No la vuelva a meter. La rutina de la hora de dormir ha terminado. Si intenta salir por esa puerta, la mantiene cerrada hasta que se canse y se duerma en el suelo.

Dado que ella está acostumbrada a manipularlo y hacer que funcione, podría tomar algunas veces hacer esto para establecer una nueva rutina

> *Después de decir «Buenas noches. Te amo», eso es todo. El fin. Final. La niña se queda en la cama y usted continúa con el resto de su vida adulta.*

nocturna. Pero recuerde, poco a poco —pero constante— usted gana la carrera. Sea como la tortuga, no como la liebre.

El alérgico a la tarea

P: Mi hijo de diez años es todo acción y detesta sentarse a hacer la tarea. Trajo a casa una boleta de calificaciones con una A (en gimnasia), dos B, dos D y una F. Cuando lo hizo, casi aplaudí, al menos la mitad de las calificaciones fueron aceptables. ¿Eso te dice algo sobre lo malas que son sus calificaciones en general?

¿Cómo puedo alentarlo a hacer su tarea? Parece que le va mejor en las pruebas, pero nunca hace la tarea ni la entrega.

R: Ese chico suyo no es tonto, mamá. Está distraído. Cuando se sienta para abrir esa tarea, piensa en otra cosa que preferiría hacer, como jugar béisbol con los niños vecinos en su patio trasero.

Esto es lo que intentaría. Charle con ese chico suyo. «Ethan, sé que hacer la tarea no es lo tuyo, pero es una parte necesaria de la escuela, al igual que yo tengo que comprar comida para que puedas cenar y comer algo. Así que vamos a intentar algo diferente. Me gustaría tu opinión sobre esto. Si pudieras elegir un lugar en la casa para hacer tu tarea donde no te distraigas con otras cosas, ¿cuál sería?».

Cuando le pregunte la opinión de su hijo, capta su atención. Eso es mucho mejor que emitir el ultimátum parental: «Tus calificaciones son terribles. Mañana, cuando llegues a casa de la escuela, tendrás media hora para jugar antes de comenzar tu tarea. Y no te irás a la cama hasta que la termines».

Ese tipo de amenazas no les servirá de nada a ninguno de los dos. Su hijo sabe que podría estar montado en esa idea por un día o dos, pero luego se distraerá con otras cosas. Quedarse despierto hasta tarde y no dormir tampoco ayudará a ninguno de los dos, ya sea en la concentración o en el estado de ánimo.

En cambio, para ayudar a su hijo a que la tarea sea una prioridad, necesita la configuración correcta:

- *Un lugar.* Su hijo necesita un lugar de soledad que sea de él. Tal vez sea una mesa en su habitación de invitados o un lugar acogedor en su sótano, donde agregue una alfombra remanente ya que le encanta acostarse en el piso. Asegúrese de que el lugar esté bien iluminado para que no tenga sueño y que esté libre de distracciones, como un televisor a todo volumen o su hermana llorona.

- *Un intervalo de tiempo establecido.* Usted conoce el mejor horario de su hijo. ¿Necesita un breve descanso después de la escuela para liberar toda esa energía física que ha almacenado? La mayoría de los estudiantes no pueden ir directamente de la escuela a otra sesión de estudio. Necesitan un par de horas de descanso, con algo de comida en el medio. Le sugiero que lo ayude a establecer un marco de tiempo de dos horas, digamos de seis a ocho, en que se concentre en hacer su trabajo (menos cualquier dispositivo electrónico que no necesite para hacer el trabajo).

- *Priorizar.* Algunos niños no están organizados de forma natural y necesitan ser apuntados en la dirección correcta. Durante la primera semana, tómese cinco minutos al comienzo de su tiempo de estudio para ver sus tareas (la mayoría de las escuelas las tienen en línea) y ayudarlo a priorizar qué terminar primero. Dígale: «Sabes lo que hay que hacer. Sé que puedes hacerlo. Creo en ti». Luego, por más difícil que sea, salga de su espacio y deje que logre lo que necesita en ese período de tiempo. Después de la primera semana, él debe conocer las reglas sobre cómo verificar sus tareas, por lo que usted no debe involucrarse.

- *Nada de interferencias.* No vaya a verificar o a echarle un ojo desde una esquina para ver lo que está haciendo. No permita que su hermanita invada el sótano o cualquier otro espacio que sea exclusivamente suyo durante ese período de tiempo.

- *Un cronómetro.* Cuando son las ocho, suena un timbre o una luz (piense en el entrenamiento del perro de Pavlov aquí). Se acabó el tiempo de tarea. Lo que hizo fue lo que hizo.

Estos sencillos pasos le enseñarán a su hijo que hay un momento y un lugar para hacer la tarea, y que debe hacerlo dentro de ese marco. A partir de las ocho es su hora de relacionarse con el resto de la familia o hacer actividades que quiera antes de las diez de la noche.

«Pero Dr. Leman, no conoce a mi hijo», dice usted. «Utilizará ese tiempo para hacer cualquier cosa menos estudiar, especialmente si no lo estoy mirando».

Bueno, entonces pase a la siguiente etapa. «Ethan, veo en tu boletín que tus calificaciones y tareas aún no están mejorando. Ya hemos establecido un lugar tranquilo y un marco de tiempo para que puedas hacer tu tarea, pero tu maestro dice que todavía no lo estás haciendo. ¿Qué más crees que podríamos hacer para ayudarte a hacerlo?».

Dele tiempo a su hijo para pensar en opciones. Es probable que muchos de ellos se vuelvan locos, hasta decir: «No iré más a la escuela porque odio la tarea».

Usted sabe cuánto le encanta jugar béisbol con los vecinos después de la escuela, pero aquí tiene un momento aleccionador. Suavemente va a presionar con la demanda de cumplir con lo establecido.

«Parece que tienes dificultades para concentrarte durante esas dos horas que reservamos. Por lo tanto, la próxima semana, en lugar de jugar béisbol, me gustaría que comas un refrigerio y luego pases un rato tranquilo antes de la cena. Veamos si eso te ayuda a prepararte para estudiar durante esas dos horas posteriores. Puedes jugar béisbol el sábado, si los niños tienen tiempo».

Bien, ahora tiene la atención de su hijo activo. «No, prestaré atención. Terminaré mi trabajo. Realmente lo haré».

Pero apéguese a sus palabras. Durante los próximos cinco días, su hijo no juega béisbol. Él tiene un momento tranquilo para sí mismo. Usted se mantiene adherido al espacio de la tarea de dos horas.

Al final de esos cinco días, ese chico revisará su tarea con ímpetu y la realizará en el lapso de dos horas porque quiere recuperar su tiempo de béisbol. Una vez que su cabeza esté en el juego y se haya acostumbrado a la tarea, le sorprenderá cómo mejorarán esas calificaciones.

Los quejicosos desagradecidos

P: Tengo una hija de quince años y un hijo de trece. Ambos se quejan todo el tiempo de que no les doy lo suficiente. Ellos quieren más. Más ropa, más noches de pizza, más videojuegos. No tengo suficientes refrigerios, o el tipo correcto de meriendas, en la casa.

Estoy harto de que se quejen. Todos los domingos les doy una pequeña asignación para cubrir algunas golosinas con amigos y un almuerzo ocasional en la escuela si se olvidan de empacar uno en casa, pero para el martes ya regresan con sus manos extendidas.

Trabajo duro y no estoy hecho de dinero. ¿Cómo puedo detener este comportamiento tipo «dame, dame» y hacer que mis hijos estén agradecidos por lo que tienen?

R: No puede hacer que sus hijos estén agradecidos. Tienen que estarlo por cuenta propia. Sin embargo, puede ayudarlos a darse cuenta de que el dinero no crece en los árboles a través de algunas técnicas prácticas.

Primero, haga una lista de todo lo que casi siempre compra mensualmente para sus hijos y el costo aproximado de cada artículo. Sume las cifras y probablemente se sorprenderá. Dice que no está hecho de dinero, pero aun así compra todas esas cosas para sus hijos. Entonces, ¿por qué no ayudarlos a aprender a ser responsables dándoles lo que gasta en ellos cada mes y dejándolos hacer sus propias compras?

Para que no piense que es una idea loca, lo hice con nuestros cinco hijos. Les dábamos una buena asignación todos los meses, con la que compraban todas sus cosas personales: ropa, desodorante, pasta de dientes, maquillaje, zapatos, etc. Como resultado, se convirtieron en muy buenos compradores. Incluso cuando estaban en la universidad, buscaban tiendas de descuento y compraban grandes cantidades de cosas que sabían que necesitarían a un precio mucho más barato, luego las almacenaban en el armario o debajo de su cama.

Cuando sus hijos controlen su propio dinero, comenzarán a distinguir entre necesidades y deseos o gustos. También aprenderán a tomar decisiones acertadas y apropiadas para su edad y a ser responsables de ellas a largo plazo.

«Pero Dr. Leman», dice usted, «no conoce a mis hijos. Gastarían todo ese dinero la primera semana y luego no tendrían nada durante el resto del mes».

No hay mejor lugar para aprender cómo ahorrar dinero y gastarlo sabiamente que en casa.

Entonces no tienen dinero para el resto del mes. Es posible que estén apretando el tubo de pasta de dientes muy fuerte y que no puedan comprar zapatos para ese nuevo atuendo.

Claro, puede que no hagan buenas elecciones al principio, pero no hay mejor lugar para aprender cómo ahorrar dinero y gastarlo sabiamente que en casa. Cuando los niños gastan su propio dinero (bueno, el de usted, pero dado a ellos cada mes), naturalmente comenzarán a ver cuánto cuestan los artículos y obtendrán una educación reveladora.

Segundo, enséñeles cómo ahorrar dinero. Les dije a mis hijos: «Si ahorras un dólar esta semana, te daré una cantidad igual». De esa manera, podrían acostumbrarse a la idea de ahorrar dinero para un día lluvioso y aprovechar un fondo de algún empleador algún día que iguala la contribución.

Comprender el valor de un dólar también empujará a sus hijos a estar más agradecidos por lo que tienen en un mundo donde hay cada vez más autoproclamados herederos legítimos de todo privilegio.

Tercero, modele generosidad. Si ve una necesidad en la vida de alguien, haga todo lo posible para satisfacerla. Ayude a la vecina a hacer las compras de comida o cómprele un regalo. Ayude a acomodar estantes en el centro local de distribución gratuita de alimentos una vez al mes.

Estar en contacto con personas que tienen mucho menos puede ser una llamada de atención para los niños que se sienten con todo derecho. Cuando vean cómo viven los demás, comenzarán a ver que incluso las necesidades que consideran básicas serían un sueño hecho realidad para muchos otros en el planeta.

Los niños altaneros

P: Últimamente he tenido ese impulso incontrolable de comprar algo de cinta adhesiva… para la boca de mis hijos. Estoy cansada de ser el basurero humano debido a sus actitudes y su falta de respeto. Cada vez que les pido que hagan algo, me dicen: «¿Por qué?». Como si les estuviera pidiendo que hicieran algo enorme, cuando solo es limpiar los restos de pasta de dientes en su lavamanos del baño.

¿Cómo puedo frenar su insolencia? Estoy harta.

Mi amiga dice que debería estar agradecida. Sus hijos son mucho peor que los míos. Pero, en serio, ¿tengo que vivir así hasta que tengan dieciocho años? Mis hijos apenas tienen nueve y once.

R: Usted no fue puesta en esta tierra para ser un cubo de basura o una alfombra. Y ni siquiera tiene que considerar vivir así durante otras veinticuatro horas, mucho menos hasta que cumplan dieciocho años. Tal comportamiento tiene que parar.

Me di cuenta de que dijo «su» lavamanos del baño. Si tienen un baño separado del suyo, ¿quién lo limpia normalmente? ¿Usted? Si es así, debe dejar de hacerlo. Deje que se vuelva súper sucio y que se les acabe la pasta de dientes. Ponga su pasta de dientes donde no puedan encontrarla.

Cuando esos niños insolentes acudan a usted y le digan: «¡Mamá! ¿Dónde está la pasta de dientes? No tenemos pasta de dientes», usted les dice casualmente: «Ah, ¿en serio? Bueno, usa la pasta de dientes que está en el lavamanos. Hay mucha».

Luego vaya a otra habitación y cierre la puerta. No vaya a comprar pasta de dientes ese día ni al siguiente. No se preocupe, sus dientes no se pudrirán en ese tiempo. Simplemente avise a su dentista para que realice una limpieza extra especial en su próxima cita.

Cuando vuelvan a decir:

—¿Dónde está la pasta de dientes? ¿Cómo es que no compraste?

Usted les dice:

—Como dije, hay mucha en el lavabo. No necesitaba comprar más.

—Ah, eso es muy asqueroso —responden.

—Quizás. Por otra parte, es su baño —nuevamente, les da la espalda y se va.

Le apuesto lo que sea que esos dos conspirarán en el baño y tratarán de convencerse el uno al otro para limpiar ese lavabo asqueroso. De alguna manera se hará.

Aun mejor, haga que esos dos compren el próximo tubo de pasta de dientes con el dinero de sus mesadas. Será menos probable que lo desperdicien. De hecho, probablemente se pelearán por quién no enrolló el tubo de pasta de dientes y quién está usando demasiado. «Vamos a tener que pagarlo, ya sabes».

Nunca debería dejarse faltar el respeto por sus hijos. Cuando le hablen irrespetuosamente, debe haber una consecuencia de la vida real que se ajuste a la situación. No van a la próxima salida. No los lleva a comprar batidos de frutas. Y tienen que limpiar su propio baño, con el lavamanos incluido, lo que deberían estar haciendo de todos modos a esas edades. Después de todo, ¿está usted haciendo el lío allí o ellos? Hágalos responsables de su propio desastre.

Por otra parte, es posible que desee mantener un poco de cinta adhesiva. Sería útil para ciertos momentos, ¿no?

El estudiante de kínder pegado a la pierna de mamá

P: Cada vez que me acerco a la puerta del kínder, mi hijo se me enrolla en mi pierna y se niega a soltarme. Si solo sucediera una vez, no sería tan vergonzoso. La primera vez tuve que caminar de regreso a mi auto con él todavía adherido a mi y llevarlo a casa. Pero aún sucede, todas las mañanas, y ha pasado un mes. Tengo que avanzar lentamente con el niño colgando literalmente de mi pierna, luego despegarlo de mi una vez que haya cruzado la puerta del aula. Si no salgo corriendo de allí cuando me libero, él se adherirá de nuevo.

¿Qué tengo que hacer? El niño tiene que ir a la escuela.

R: Tiene razón. Los niños tienen que ir a la escuela, pero tal vez el suyo no esté listo. El hecho de que tenga cinco años no significa que esté preparado para el kínder. Tal vez necesite otro año en casa con usted primero para ganar un poco de madurez y ver a otros niños de su edad ir a la escuela antes de que lo vea como un buen lugar para estar.

Además, ese niño ya sabe de qué pie cojea usted. Probablemente ha guardado sus espaldas un poco más de la cuenta, suavizando su camino en la vida. No quiere abandonar lo que tiene seguro para viajar a una atmósfera de incógnitas. No se aferraría a su pierna como un mono araña a menos que funcionara. Claramente, le funcionó la primera vez, ya que pudo volver a casa con usted.

Ese primer día de kínder, su «clave» entró en acción: *Si me aferro a la pierna de mamá lo suficiente y me niego a dejarla ir, tendrá que llevarme a casa con ella. Entonces puedo hacer lo que quiera en casa.*

De modo que ¿por qué no tener una conversación con su hijo para comenzar su investigación?

«Cariño, ¿qué opinas sobre el kínder?».

Si todo lo que habla es que no le gusta sentarse en su asiento o tener que seguir instrucciones cuando todo lo que quiere hacer es jugar, es probable que no esté listo. La mayoría de los kínder tienen una lista de verificación «¿Está listo su hijo para el kínder?». Si aún no tiene una, solicite una copia. Léala para ver si su hijo realmente se ajusta a esa lista. Si le faltan algunos factores clave para la preparación, se beneficiaría enormemente de otro año en casa con usted primero.

No piense que eso lo detiene. Al contrario, si demora un año para enviarlo, le está dando la mejor oportunidad posible de éxito académico y social con sus compañeros. Estará mejor preparado para prestar atención en clase, y no será uno de los muchachos más jóvenes. Especialmente con los niños, que tienden a madurar más tarde que las niñas, ser mayor le permitirá mantenerse mejor en el mundo físicamente competitivo de los hombres.

En la primera semana de kínder, no es raro que los niños, especialmente los primogénitos y los hijos únicos que quieren conocer los detalles y la hoja de ruta, se aferren a sus mamás y sus papás. Es una experiencia nueva, entonces, ¿por qué no van a estar un poco ansiosos?

Piense en ellos como pequeños pájaros que asoman la cabeza de ese nido cálido y cubierto de plumas y se asoman al gran mundo exterior. Todavía no están seguros de qué pensar, y muchos de ellos no quieren mudarse de su lugar acogedor. En ese nido, mamá pájaro hace todo por ellos, incluso traer esos deliciosos gusanos gordos para el desayuno. Entonces, mamá o papá pájaro tienen que darles un empujón fuera del nido para probar sus alas.

Si su hijo ha ido al kínder, es menos probable que esté ansioso por entrar por su puerta, a menos que haya tenido una experiencia negativa allí. Si no ha ido, esa puerta de kínder es el primer gran empujón para salir del nido.

En la primera semana de kínder, no es raro que los niños, especialmente los primogénitos y los hijos únicos que quieren conocer los detalles y la hoja de ruta, se aferren a sus mamás y sus papás.

Además, es útil hablar con la maestra sobre sus inquietudes y obtener sus comentarios sobre lo que ella ve en la clase. ¿Está su hijo listo para tal trabajo? Kínder no es simplemente el ambiente de juego que solía ser. El trabajo real y la preparación para futuros estudios suceden allí.

Si ambas están de acuerdo en que su hijo debería estar allí, establezca una estrategia con la maestra. Por ejemplo, en lugar de llevar adentro a su hijo, pruebe a llegar hasta la puerta del kínder en su automóvil. Su maestra o un asistente abre la puerta del pasajero, ayuda a su hijo a quitarse el cinturón de seguridad, levanta su mochila y lo lleva al interior sin fanfarria.

¿Recuerda lo que dije sobre su hijo que quería su atención? Su comportamiento es intencional. Pero si la sacan de la situación y de su idea tipo «cuadrícula de kínder», podría ser mucho más fácil atravesar esa puerta y comprometerse con los otros niños. Así que, ¿por qué no intentarlo? Espere y verá. Pronto ese hijo suyo ni siquiera tendrá tiempo de despedirse cuando salte por la puerta del auto y vaya corriendo al kínder. Después de todo, sus amigos lo están esperando, al igual que la mascota temporal de la clase: la verdadera rana en la jaula con cremallera que él podrá saludar todas las mañanas durante un mes si llega a tiempo. ¿Qué podría ser más emocionante?

El niño desmotivado

P: Me da vergüenza preguntar esto, pero estoy desesperado. Mi hijo que se porta mal tiene veintiún años y todavía vive con nosotros. Cada vez que le pido que me ayude en la casa, dice: «¿Por qué debería hacerlo?». Cuando le digo que consiga un trabajo en vez de salir con sus amigos, él dice: «Yo sí busco trabajo. Simplemente no encuentro ninguno. Deja de presionarme».

Fue a la universidad después de la escuela secundaria, pero renunció al cabo de un semestre. Básicamente no ha estado haciendo nada desde entonces. ¿Cómo puedo motivarlo para que se mueva en la vida y mostrar algo de aprecio por lo que hacemos?

R: No puede motivarlo para que haga nada. La motivación tiene que venir de adentro. Pero ciertamente puede hacer algunas cosas para empujarlo en esa dirección.

Entiendo que está haciendo lo que los padres han hecho históricamente durante generaciones: darles a sus hijos un techo sobre sus cabezas y comida para comer. Sin embargo, seamos francos. Su hijo claramente se ha quedado más tiempo del correspondiente y se está aprovechando de su amabilidad en su mansión no tan palaciega. Él no está en la escuela y no está trabajando fuera de casa. Solo está saliendo con amigos, viviendo la buena vida.

Déjeme preguntarle: ¿De dónde está obteniendo el dinero para vivir esa buena vida? Probablemente es de usted. Pero su hijo ya no tiene diez años, y ya no necesita que le dé una asignación. Él es un adulto.

La motivación tiene que venir de adentro. Pero ciertamente puede hacer algunas cosas para empujarlo en esa dirección.

Cuando abre la puerta para que alguien, familiar o no, viva con usted, al menos debe tener un contrato verbal de que esta es una solución a corto plazo. Con esa comprensión básica en su lugar, hay un final claro de la relación una vez que finaliza el período acordado.

Es probable que usted no tuvo ese tipo de conversación determinante. Él simplemente dejó la escuela y se instaló en una vida fácil y holgada en su hogar.

Ahora es el momento de una conversación directa. «Sé que la vida no está resultando como pensabas. Pero has estado fuera de la escuela secundaria durante tres años y fuera de la universidad a tiempo completo por más de dos años. Es hora de que consigas un trabajo y tu propio lugar. Necesitas tu espacio, y nosotros necesitamos el nuestro. Así que dame un tiempo en los próximos treinta días para que puedas mudarte a tu propio departamento. Nos mantendremos en contacto contigo porque eres nuestro hijo y te amamos. Pero necesitas seguir adelante en la vida».

Esa es la llamada de atención que necesita su teleadicto sedentario en este momento. Aun más, él necesita que no retroceda. Cuando terminen esos treinta días, si los planes no avanzan, ponga sus pertenencias en el césped y cambie las cerraduras de la puerta.

Usted no responde a las llamadas telefónicas enojadas. Ni lo ayuda a encontrar un lugar o un trabajo. Él necesita hacer esas cosas por su cuenta. Puede que tenga que abrirse camino entre sus amigos para encontrar uno con el que pueda quedarse temporalmente. Tales amistades se desgastarán rápidamente si sigue sus patrones de tomar y nunca dar. Pronto se verá obligado a crecer y convertirse en un adulto, lo que incluye encontrar un trabajo, ganar dinero y pagar el alquiler. Sé que esto suena duro, pero su actitud dice que le falta respeto. Como tiene veintiún años, no va a entrenarlo a menos que diga lo que hará y luego haga lo que ha dicho. Así que deje que la realidad hable por usted después de su pronunciamiento inicial en cuanto a los términos de su estadía. Continuar dejándolo vivir con usted es una de las peores decisiones que puede tomar como padre. Se convertirá en un facilitador y disminuirá la posibilidad de que se convierta en el hombre que debería ser... sin mencionar el esposo responsable que algún día se merece su nuera y el padre comprometido y responsable que su nieto algún día necesitará.

La de los portazos

P: Mi hija de catorce años es famosa por dar portazos. Cualquier cosa que no le guste, se va a su habitación y cierra la puerta de golpe. Detesto eso, pero estoy medio acostumbrada. Sin embargo, ahora vivimos en un condominio bastante pequeño y nuestra vecina me ha mencionado el ruido dos veces. Afortunadamente, ella ha sido amable al respecto, pero puedo decir que, en realidad, está empezando a molestarla.

Además de quitar las bisagras de la puerta, que se siente como una invasión a la privacidad y al espacio de mi hija, ¿qué puedo hacer? Le he pedido una y otra vez que no tire la puerta. Pero ella lo sigue haciendo.

¿Algún consejo?

R: Claro, tengo muchos.

Hay unos maravillosos círculos de fieltro grueso con adhesivo por un lado que pueden hacer maravillas como silenciadores en el quicio de la puerta. Tengo una amiga que vive en un departamento en Los Ángeles que los usa e incluso se los regaló a una vecina particularmente ruidosa, poniendo un lindo poema en su puerta para aliviar cualquier posible fricción. Son fáciles de comprar, baratos y fáciles de instalar. Desprende el respaldo del círculo y lo pega.

Si su hija solo está cerrando la puerta porque el sonido es catártico cuando está molesta, o lo está haciendo para llamar su atención y hacer que pague por lo terrible que es el mundo para ella en ese momento, esos círculos podrían ser la solución. No diga nada. No le preste atención por un comportamiento tan negativo. Simplemente instale esos amortiguadores de sonido cuando ella no esté en casa.

Si los portazos siguen siendo un problema, solicite la ayuda de esa amable vecina. La próxima vez que comente sobre el ruido, dígale: «¿Sabes qué? Eso también me vuelve loca. Le pedí que no lo hiciera más e incluso instalé algunos círculos de fieltro para amortiguar el ruido. Pero soy su madre y tiene problemas para escucharme. La próxima vez que la veas, ¿podrías comentarle cómo te molestan los portazos? Te lo agradecería enormemente».

Puede apostar que esa vecina va a estar vigilando como un águila el paradero de su hija. Tan pronto como su adolescente salga, está frita. Esa vecina la tiene en la mira. No será fácil para ella escurrirse. Seguirá cerrando suavemente su puerta durante mucho tiempo, porque no querrá que esa vecina la rastree de nuevo.

Problema resuelto.

Puede sonreír. Ni siquiera tuvo que sobornar con galletas a su vecina para que sacara sus herramientas y quitara la puerta de la habitación de su hija. Simplemente deje que las consecuencias de la vida real imperen y se encarguen del mal comportamiento.

Es una medida con la que todos salen ganando. Su hija mantiene su privacidad, lo cual es importante para los adolescentes. Usted mantiene su cordura y su audición. Sus vecinos son felices. Y las ventas de Amazon aumentan como resultado de sus compras de fieltro.

Por cierto, esos círculos de fieltro también funcionan muy bien en puertas de armarios y gabinetes de cocina, si tiene otros miembros en la familia que dan portazos.

Las rabietas en las tiendas

P: Mi hijo cumplió cuatro años en febrero. Cada vez que lo llevo a la tienda, hace un berrinche. Comienza porque ve algo que quiere y no se lo compro. No soy un árbol de dinero. Pero ahora es demasiado grande para sentarse en la parte delantera del carrito. Está usando sus propios pies, por lo que es más difícil de controlar.

Termino dejando mi carrito de comestibles o lo que sea en medio de la tienda y lo saco apresuradamente. Ha hecho tanto escándalo en tantas tiendas que ya me da vergüenza ir a ellas. Estoy empezando a quedarme sin nuevas tiendas de comestibles, a pesar de que vivo en una zona urbana.

¿Algún consejo para frenar ese mal comportamiento desagradable?

R: *Consejo #1:* Déjelo en casa siempre que sea posible. No es necesario que todas las expediciones de compras de usted estén cargadas de berrinches. Usted también merece un descanso. Solicite la ayuda de su pareja o de una amiga para que se quede con él.

Si su hijo la ve preparándose para salir, probablemente dirá:

—Mami, ¿nos vamos?

Usted se inclina y dice:

—Mami va a salir. Tú no.

Luego viene la famosa frase:

—Pero ¿por qué, mami?

Ese es el momento aleccionador.

— Porque haces un escándalo cada vez que vamos a una tienda. Así que no te llevaré hoy. Te vas a quedar en casa.

Tenga en cuenta que no dice: «Nunca más te llevaré a una tienda», ya que eso sería poco práctico y poco realista. Pero para un niño de cuatro años, tener que quedarse en casa durante esa salida se sentirá como años luz «¡hasta el infinito y más allá».

Se alborotará. Hará un berrinche justo en su propia sala de estar. Le lanzará una mirada de disculpa a su cónyuge, abuela o abuelo, o a su amiga, pero usted saldrá por esa puerta. Tendrá un gran tiempo en esa tienda con la cabeza bien alta.

Sin embargo, esto es lo que quiero resaltar. No deje que la culpa que siente por dejar a su hijo gritando la impulse a comprarle un regalo a él. ¿Quiere premiar el mal comportamiento o cortarlo de raíz?

Llegue a casa y su hijo volverá a la normalidad, emocionado por verla. Hace mucho que olvidó su berrinche de hace una hora.

—Entonces, ¿qué me conseguiste, mami? —le pregunta él.

—Nada —responde simplemente.

Su cara se oscurece. Sus puños se aprietan.

—¿Por qué? Siempre me das un regalo.

Aquí hay otro momento aleccionador.

—Porque no me agradó el berrinche que hiciste cuando salí.

Él suplicará, llorará, pero usted se mantiene firme. Ningún regalo ese día, incluido el helado que había reservado como sorpresa para él.

Para entrenar a un niño correctamente, no acepte ni recompense el comportamiento negativo. Sí, puede ser joven, pero no es tonto. Él observa todo lo que hace y aprende a trabajar con usted.

Si alguna vez ha cedido a uno de sus berrinches y ha comprado el artículo que agarró simplemente para callarlo y que la gente no la mirara, él registró ese momento como una victoria. Si ha continuado con sus berrinches, es porque esa acción es beneficiosa para él. Obtuvo una recompensa de ello: un juguete nuevo o alguna golosina.

> *Para entrenar a un niño correctamente, no acepte ni recompense el comportamiento negativo.*

Cuando no le siga el juego ni su mal comportamiento le sea beneficioso, dejará de hacerlo. Simplemente tiene que mantenerse firme y no desgastarse. Ceda una vez y comenzará de nuevo en el cuadrado cero.

Consejo #2: Cuando tenga que llevarlo a la tienda, tenga su plan ya implementado. Si hace un berrinche en el pasillo de Walmart, un espectáculo completo con patadas, gritos y sacudidas, déjelo en el piso y aléjese. Gire al llegar a la esquina del pasillo y «desaparezca», de modo que su hijo ya no pueda verla, pero aún vigilándolo. Si otro cliente ingresa al pasillo, siéntase libre de menear la cabeza y decir: «Los niños de algunas personas...».

Algo mágico sucederá. Ese chico suyo se dará cuenta de que la audiencia de su mamá está desaparecida y que está solo. Él se levantará de ese piso y saldrá corriendo en la dirección en que la vio desaparecer. Irá gritando todo el tiempo: «¡Mami! ¡Mami! ¡No te vayas sin mí!».

Cuando se reúna con su joven vociferante, haga algo que no espera. No camine hacia él. Al contrario, salga por la puerta y vaya al estacionamiento.

Él la seguirá, luciendo confundido.

—Mami, ¿no tenemos que buscar algo?

— Hoy no —dice y abre la puerta del auto.

Él entra, desconcertado y desinflado.

—Pero *siempre* recibo un regalo en la tienda.

—Hoy no. Hoy nos vamos a casa.

Note el *siempre* en la charla de su hijo. Los niños prosperan en la rutina, y cuando esta es interrumpida, son desviados del curso, especialmente si son primogénitos o únicos.

Conduzca directo a casa, lo saca del auto y luego se dedica a sus asuntos.

Su hijo de cuatro años no sabrá qué hacer. Su mundo está fuera de equilibrio, ya no gira sobre su bien establecido eje.

—Si soy más bueno, ¿podemos volver a la tienda? —le suplica.

—Hoy no —repítalo.

Él se desploma. Ese chico suyo ha aprendido algo nuevo sobre su madre hoy: que tiene una columna vertebral de acero.

Bien por usted, mamá. Siga haciendo cosas así y tendrá a ese chico reentrenado.

El desertor escolar

P: Mi hijo de quince años anunció ayer que había terminado con la escuela. Luego volvió a la cama y perdió el autobús. Hoy tampoco se levantó. Es un niño grande, un metro sesenta y más fuerte que yo. No puedo obligarlo físicamente a ir a la escuela mañana. Entonces, ¿qué puedo hacer o decir para que se levante de la cama y se mueva? ¿Ideas?

R: Ciertamente. Una picana eléctrica pudiera funcionar.

Hablando en serio, muchos jóvenes de esa edad tampoco tienen ganas de ir a la escuela, pero aun así se levantan y van. Algo está alimentando la repentina declaración de su hijo. Sin embargo, hacerle preguntas no le llevará a ninguna parte. Solo reafirmará su postura antiescolar y lo enterrará más debajo de esas mantas. Pero algunas cosas le darán pistas.

Pista #1: Si su hijo conectado a las redes sociales no está enviando muchos mensajes de texto, es probable que algo malo haya sucedido en la escuela. Está tratando de mantenerse alejado de la red hasta que estalle.

Ahí es cuando ayuda mucho si conoce a los padres de sus amigos. No lo avergüence llamándolos y preguntándoles directamente si saben algo de lo que sucedió en la escuela. En vez de eso, haga una llamada amistosa para decir: «Oh, hola Sandy. ¿Cómo estás?». Eso es todo lo que Sandy necesitará oír para decir: «Bueno, estoy bien. Pero ¿y tú? Escuché que Sam se metió en problemas en la escuela…».

Entonces ya sabe que hay una razón definida por la que su hijo no quiere regresar, y escucha todos los detalles por otra fuente. Probablemente esté avergonzado y no quiera enfrentarse a la manada o a usted después de lo que sucedió.

Pista #2: Duerme todo el tiempo y no sale de su habitación. Sí, es un adolescente en crecimiento y puede dormir mucho, pero eso está más allá de su norma. No quiere interactuar con nadie.

Es normal que los adolescentes estén cansados y excesivamente emocionales debido a los cambios hormonales, pero si esto es un cambio completo de comportamiento y continúa, preste atención. Es posible que haya experimentado el fracaso, el rechazo o la traición, y eso lo catapultó al desánimo.

Si observa cambios tan importantes en su comportamiento, tenga una conversación con él, incluso si es unilateral en este momento. «Me di cuenta de que últimamente duermes mucho y pareces un poco deprimido. Si hay algo de lo que quieras hablar, búscame. Me gustaría ayudarte». No presione por información ni se demore. Diga su parte y le da un par de minutos para responder. Si él no habla, simplemente dice: «Te amo. Nada cambiará eso nunca». Y luego lo deja en su madriguera.

Sin embargo, si esa madriguera continúa durante más de una semana o dos, es hora de cavar más suavemente para descubrir qué está pasando realmente dentro de su cabeza.

Pista #3: Él duerme hasta que usted sale por la puerta, pero luego regresa a la hora del almuerzo y está felizmente comiendo y jugando, todavía en su pijama. Le da esa mirada tipo «ay de mí» que hizo cuando lo encontraron con su mano en el tarro de galletas a sus ocho años. Ahora sabe que su hijo se cansó de la escuela y de todo el trabajo involucrado y decidió que se daría unas vacaciones.

Si este es el caso, así es como yo procedería.

—Parece que estás disfrutando de los juegos. Es bueno jugar durante un descanso, pero este es el horario escolar. Como no vas a la escuela, tengo algunos trabajos que puedes hacer durante el tiempo que estarías allí. Hay mucho que hacer por aquí, así que no tendré problemas en asignarte un trabajo para reemplazar tu horario escolar.

—¿Trabajo? ¿Qué quieres decir con trabajo? —dice él. Ahora su atención está en usted, no en el juego.

—Ah, necesito pintar las paredes del sótano. Creo que un amarillo claro sería agradable y soleado, ¿no crees? —usted sonríe—. Ahora que estás disponible durante el día, podemos aprovechar para hacerlo. Hemos estado hablando de eso por mucho tiempo. Y luego... —y procede a hablar sobre una larga lista de proyectos de la casa que sabe que él odiaría hacer porque son aburridos.

Luego dice: «Como ya no estás en la escuela, es sensato que consigas un trabajo real. Veo que la tienda al final de la cuadra está contratando. Ah, espera, tienes que tener dieciséis años para trabajar allí. Será más difícil conseguir un trabajo bien remunerado si no eres al menos un graduado de secundaria. Y como no estás en la escuela, puedes buscar un departamento propio... pero tienes que tener dieciocho años para firmar». Se encoge de hombros y continúa: «Sin embargo, todo eso depende de ti. Ciertamente parece que tienes tu trabajo hecho para ti. Haré una lista de tareas pendientes por aquí y la dejaré en el mostrador mañana temprano. Estoy muy contento de que puedas hacerle frente».

Luego se va, dejando a su hijo mirándola con la boca abierta.

Estas vacaciones de la escuela no van como había planeado. Probablemente decidirá que salir por la puerta para la escuela mañana es una opción mucho mejor.

Caso resuelto, Dr. Watson.

El niño sensible

P: Nuestra hija de seis años es inusualmente sensible. Ella necesita rutinas establecidas y se enoja mucho si algo cambia. Terminamos aplacándola o caminando de puntillas a su alrededor. Incluso hemos cambiado de planes. Lloró cuando mi esposa y yo intentamos irnos a una cita en la noche, y tuvimos que quedarnos en casa.

A veces parece que ella tiene el control en lugar de nosotros. ¿Algún consejo sobre cómo lidiar con un niño tan sensible? Esto me está volviendo loco. Necesito algo de tiempo a solas con mi esposa.

R: Cada vez que los padres me hablan de un niño «sensible», sé de inmediato que tienen un niño poderoso. El poder viene en todo tipo de tamaños, formas y paquetes. Si ella te está manipulando haciéndote caminar sobre cáscaras de huevo a su alrededor, de hecho los está controlando a ambos.

¿Quién le dio ese poder en primer lugar? ¿Intentó mantener las cosas calmadas cuando dormía de bebé para que no la molestaran? ¿Siempre se aseguró de que ella estuviera cómoda? ¿Hizo cosas por ella que ella podría haber hecho por sí misma?

Si es así, descubrió desde el principio que puede hacer que los planetas giren en su hogar con solo estirar los dedos y las cuerdas vocales. En resumen, ella entiende exactamente cómo hacer que haga lo que quiere que haga. Ella no quería que ustedes dos se fueran sin ella, así que tuvo un festival de llanto para cambiar su opinión. Y lo hizo, así que ella ganó.

En este momento, su hija sensible está segura de que está en el centro del universo. Pero, ¿qué sucede cuando salga de allí y entre en el amplio mundo y se dé cuenta de que no es así?

Es hora de que usted y su esposa tengan esa cita esta noche. Haga que la abuela, el abuelo, su hermana o una niñera la cuiden. Asegúrese de que estén al tanto de lo que está haciendo y por qué, para que no le hagan llamadas telefónicas innecesarias. Y es justo que conozcan la situación, así están preparados para toda la emoción que conlleva.

Mientras se pone el abrigo para salir por esa puerta, las lágrimas comenzarán a fluir. Recuerde una cosa: quiere que cambie este mal comportamiento, ¿verdad? Entonces usted tiene que cambiar.

¿Qué dijo en el pasado? «Ah, cariño, no llores. No nos iremos tanto tiempo. Mamá y papá a veces necesitan tiempo solos. Te veremos pronto».

> *En este momento, su hija sensible está segura de que está en el centro del universo. Pero, ¿qué sucede cuando salga de allí y entre en el amplio mundo y se dé cuenta de que no es así?*

¿Eso funcionó? No, solo aceleró el llanto seguido por el pánico. Se sintió terrible y no pudo salir.

Entonces, ¿qué va a hacer esta vez? Inclínese y diga: «Diviértete con la abuela. Te veremos mañana cuando te despiertes».

Luego proceda a salir directamente por esa puerta y no regrese hasta que termine su cita. Ponga su teléfono en silencio y niéguese a responder cualquier llamada. Tiene una cita real con su esposa.

Cuando lleguen a casa, la cara de su hija puede verse enrojecida por el llanto, pero estará dormida en la cama. Recibió la dosis número uno de su lección de que no es la número uno en el universo.

Mejor ahora que cuando tenga veintiún años, ¿no le parece?

Los niños que creen merecer todos los privilegios

P: ¿Por qué cada vez que mis hijos se portan mal, yo soy la culpable?

Cocino la cena favorita de mi hija menor, y ella cambia de opinión tan pronto como la pongo frente a ella. «Mamá, ¿por qué hiciste esto? Lo detesto». Pero la semana pasada se comió dos platos.

Y cuando mi hijo me grita por algo que no logré hacer, a pesar de que hice otras cinco cosas para él ese día, soy yo quien se aleja sintiéndose mal.

Luego está mi hija mayor. Lavo la ropa dos veces por semana y aún se queja: «Mamá, no tengo nada que ponerme y es *tu culpa*».

A veces me dan ganas de declararme en huelga. ¿Estaría eso demasiado fuera de lugar para una madre?

R: Creo que llegó a la solución perfecta. Si yo fuera usted, estaría en huelga durante al menos dos semanas. Sin usted, sus hijos no tendrán cenas que no sean de una caja o lata. Nadie más hará todos los recados que les importan más que todo a ellos. Y no tendrán a nadie que recoja su ropa sucia esparcida por el piso de su habitación y la limpie como por arte de magia.

Sus hijos creen merecer todos los privilegios. Piensan que se merecen todo lo que hace por ellos, y algo más. Pero todas esas cosas que está describiendo no son derechos; son privilegios. Toneladas de madres que conozco ya no cocinan en absoluto. No hacen muchos mandados para sus hijos. Y ciertamente no sienten que tienen que lavar la ropa. Sus hijos necesitan experimentar una o dos semanas sin las ventajas que brinda a sus vidas, y luego se sentirán un poco más agradecidos.

Pero esto es lo que usted no hace. No los advierte. No anuncia: «Hola, chicos, me están volviendo loco, así que no voy a hacer nada por ustedes en las próximas dos semanas». Es más, no prepara el desayuno. Sus almuerzos para la escuela no están listos en el mostrador. Cuando llegan a casa de la escuela, no hay galletas recién horneadas en un plato. No hay comida a la hora de la cena.

Está «ausente» por lo menos los primeros dos días cuando estén en casa. Pasa unas tardes tan esperadas con amigas u otros miembros de la familia. No es fácilmente accesible por celular. Duerme hasta tarde en esas mañanas y se asombra de la maravilla de poder hacerlo.

Esos niños van a descubrir la cena sacada de una lata y tendrán que aprender el esfuerzo que se necesita para crear esas bolsas con almuerzos para la escuela a las que les voltean la nariz. Llegará el día en que sus atuendos favoritos están… ¿adivine dónde? En el cuarto de lavandería y no disponibles. Las diligencias se acumularán, y es posible que tengan que caminar a una tienda cercana con dinero de su alcancía para obtener esa camiseta morada que necesitan para el día morado en la escuela.

Sus hijos necesitan experimentar una o dos semanas sin las ventajas que brinda a sus vidas, y luego se sentirán un poco más agradecidos.

Esto es lo que yo llamo «el tratamiento a pan y agua» para los niños que se creen con privilegios.

Después de una o dos semanas (según la edad de sus hijos y cuán arraigado esté el sentido de privilegio merecido), pueden regresar. Pero tenga cuidado acerca de asumir todas sus tareas anteriores. De lo contrario, pensarán que solo se volvió loca temporalmente y se convirtió nuevamente en la madre que saben hará cualquier cosa por ellos.

Entonces hace la cena una noche, pero no la siguiente. Cuando preguntan:

—¿Dónde está la cena?

Usted dice:

—Ah, no tenía ganas de hacerla esta noche —mientras pasa las páginas de este libro.

—Entonces, ¿qué se supone que debemos comer? —preguntan.

Agita una mano.

—Lo que quieran. Estoy segura de que se les ocurrirá algo.

Unas pocas repeticiones de eso y de no lavar la ropa, y esos niños tendrán una nueva apreciación por la vieja mamá. Después de todo, mamá hace girar el mundo, aunque sus hijos no siempre lo sepan.

El atrapado infraganti

P: Mi estudiante de secundaria fue atrapado haciendo trampa en un examen de ciencias. Estoy tan avergonzado. No puedo creer que sea mi hijo. Por lo general, obtiene las mejores calificaciones; entonces, ¿por qué haría eso? Ni siquiera sé qué decirle, mucho menos qué hacer. De nuestros cuatro hijos, él es el bueno y fácil. Esto parece estar bien fuera de control.

Si este fuera su hijo, ¿qué haría?

R: Bueno, las trampas académicas no son exactamente noticias de última hora. Han existido desde que Caín y Abel tomaron sus primeras pruebas, creo. De hecho, en un escándalo de trampas universitarias generalizadas en 2019, más de cincuenta adultos fueron atrapados con las manos en la masa, incluidos entrenadores, administradores de pruebas, directores ejecutivos y celebridades de Hollywood... sin mencionar que el escándalo avergonzó a universidades elitistas como Yale, Stanford, Georgetown, USC y UCLA.[6]

Pero cuando esto llega a casa en lugar de al puesto de periódicos, es una historia completamente diferente.

Su estudiante de secundaria ya está lo suficientemente avergonzado por sus acciones y sabe que realmente le ha decepcionado. Lo mejor que puede hacer en este momento es darle algo de tiempo para procesar y darse un tiempo para reagrupar sus pensamientos.

Al día siguiente, podría decir: «El incidente de la trampa ahora es agua pasada. Continuaremos adelante a partir de aquí y no vamos a dar vueltas sobre eso. Pero hay una cosa que me gustaría saber cuando quieras compartirla: por qué sentiste que hacer trampa era la mejor opción».

Luego espera hasta que él descifre sus pensamientos. Puede ser un día o dos, o más. Cuando al fin hable, haga lo que es difícil para todos los padres: cerrar la boca y escuchar. Es posible que no le resulte fácil escuchar algo de lo que dice. Si ha sido su hijo bueno, trabajador y de altas calificaciones, puede que se haya quebrado bajo la presión de tener que ser siempre así. Quizás la ciencia no es lo suyo. Tal vez estaba preocupado por su promedio general para ingresar a la universidad. Tal vez no quería decepcionarle al no cumplir con sus expectativas. Tal vez vio lo que pensaba que era una salida fácil y tomó una mala decisión. Una vez más, todas estas son razones comunes por las que los mejores estudiantes consideran hacer trampa. Esta vez el señuelo era demasiado fuerte y él mordió el anzuelo.

Por difíciles que sean los hechos, es hora de que los escuche y su hijo los exprese. Mejor ahora en la escuela secundaria, donde la apuesta no es tan alta como lo sería en la universidad o más adelante en la vida.

Sí, está decepcionado, pero la ira o el tratamiento de hielo no resolverán nada. En cambio, diga algo como: «Lamento que sintieras que estabas bajo tanta presión que tuviste que hacer trampa para sacar una buena calificación. Esa acción ciertamente ha fracasado. Tu madre y yo estábamos sorprendidos, decepcionados y avergonzados cuando la escuela nos llamó para hablar sobre las trampas. Sé que esperamos mucho de ti, pero hay algo más que quiero que sepas».

Ve a su hijo apretar los puños, esperando la decisión.

En cambio, usted dice suavemente: «Para nosotros, no tienes que ser nadie más que tú mismo. No tienes que ser bueno en todas las materias. Sé que la ciencia no es lo suyo. Hubiéramos estado contentos con una C. Lamento haberte presionado tanto para cumplir con nuestras expectativas. Creemos en ti y en sus habilidades. Quien eres, amable, cortés, generoso y servicial en casa, es mucho más de lo que podríamos haber soñado en un hijo.

»Volver a la escuela después de esto, con el conocimiento de los otros niños, no va a ser fácil. Pero necesitas terminar tu año allí. Siempre que necesites hablar, estoy aquí».

Luego cierre el libro sobre las trampas y le da a su hijo lo que anhelaba: una segunda oportunidad. Nunca más desenterrará esos huesos del patio trasero.

Créame, ha aprendido una lección que no olvidará en su vida.

Peleas entre hermanos y chismes mutuos

P: Mis hijos pelean como perros y gatos. Sí, lo hacen, casi las veinticuatro horas. Cuando tiene cinco de ellos, el ruido puede ser ensordecedor. Cuando no están peleando, se están acusando entre ellos. Si alguna vez me viera, sería la mamá súper cansada con bolsas debajo de los ojos, ya que mis dos hijas mayores se pelean incluso a medianoche. Mis dos hijos más jóvenes me despiertan temprano en la mañana para acusarse el uno al otro conmigo.

Estoy cansada de ser el árbitro. ¿Cómo puedo detener estas constantes batallas y acusaciones en mi casa?

R: Muy sencillo. Simplemente retírese de la corriente de sus hijos. Cuando comiencen a pelear, diga: «Estoy seguro de que pueden manejarlo entre ustedes dos», y aléjese. Preferiblemente, ingrese a una habitación donde no pueda verlos ni oírlos (al menos no mucho) y cierre la puerta. O salga a dar un paseo, consiga un café o una golosina y quédese un rato.

Si no está allí para que acudan a usted a acusar a otro, el chisme pierde su fuerza. Sus nuevas frases favoritas deberían ser: «¿En serio? Bueno, si tu hermana hizo eso, entonces ella misma me lo puede decir. No necesito escucharlo de ti». O, mejor aún, lleve a esa niña ante la otra niña y dígale: «Sarah, Amanda tiene algo que quiere decirte». Esa táctica generalmente termina con toda la escena de acusaciones. ¿Cómo lo sé? Porque lo he visto funcionar.

Cuando era asistente del decano de estudiantes, manejaba todo tipo de problemas disciplinarios con estudiantes universitarios. Pero el personal era lo más difícil de tratar. Una de ellos apareció en mi puerta y dijo: «Dr. Leman, ¿puedo hablar con usted un minuto?».

Tonto yo. Abrí la puerta y dije: «Claro. Entra y siéntate».

Cuarenta minutos después estaba pensando: *¿Por qué, por qué, por qué? Ella de lo único que habla es de lo malos que son las otras secretarias.*

La próxima vez que apareció, no fui tan tonto. «Cindy, estoy tan contento de que hayas entrado», le dije con una sonrisa. «¿Quieres venir conmigo, por favor?».

Nos acercamos a la secretaria de la que se quejaba. Le dije: «Barb, Cindy tiene algo que decirte». Luego me callé y me quedé allí parado.

Retírese de la corriente de sus hijos.

La respuesta de Cindy fue interesante. Ella se encogió de hombros, avergonzada, y dijo en voz baja: «Bueno, en realidad no es una gran cosa, pero me preguntaba si...».

Manejar la situación directamente conectando a la demandante con la persona de la que se quejaba funcionó de maravilla. Se corrió la voz rápidamente de que haría lo mismo con cualquiera que se fuera a quejar. Caso resuelto.

¿Por qué no prueba esto con sus hijos y ve lo que sucede? Se trata de responsabilizarlos por sus palabras.

Sobre todo, no se deje arrastrar de nuevo. Rehúsese a arbitrar. Déjelos manejar la pelea por sí mismos. Es sorprendente lo rápido que terminarán las peleas si los niños están solos. Suelen sentirse bastante estúpidos. O podrían llegar a una solución sorprendente en la que no habían pensado antes porque estaban demasiado concentrados en competir por su atención.

Si todo falla, compra algunos de esos guantes de boxeo grandes y suaves. Cinco pares, uno para cada niño, sería una buena inversión, ¿no le parece? Luego déjelos tener una ronda entre ellos en el garaje. Esa puede ser su «zona de lucha» para resolver problemas. También debe desgastarlos físicamente, para que duerman. Entonces puede tener su descanso bien merecido.

Le deseo un montón de zzzzz...

El mentiroso y rebelde habitual

P: Caramba, esto es difícil de decir, pero mi hijo parece ser un mentiroso habitual. Cuando era joven, contaba historias imaginativas que estiraban la verdad. Un pez que pescó quince centímetros de largo de repente se convirtió en cincuenta centímetros. Solíamos reírnos.

Pero ahora ya no nos reímos. No puedo confiar en que mi joven de diecisiete años esté donde dice que está. Lo he atrapado una y otra vez en una mentira. La semana pasada mintió acerca de estar en un evento escolar cuando estaba en un club con una identificación falsa. Solo descubrimos la verdad porque se había desmayado por beber demasiado y dos de sus supuestos nuevos amigos lo dejaron frente a nuestra casa antes de salir corriendo en su Jeep.

Crecí en una familia en la que la honestidad y la integridad eran extremadamente importantes. Mi hijo parece ir en la otra dirección. ¿Qué hice mal? ¿Por qué mi hijo es así? ¿Y qué puedo hacer al respecto?

R: Algunos niños vagarán. Pero hay formas de controlarlo, especialmente porque todavía tienen menos de dieciocho años.

Si ha enfatizado fuertemente la honestidad y la integridad, podría estar cansado de escucharlo, especialmente si lo ha sermoneado sobre esos temas. O tal vez él piensa que sus palabras no coinciden con sus acciones.

Pero aquí está lo que creo que está en juego. Voy a adivinar que él es su hijo del medio y que su hijo mayor es una estrella fugaz perfecta. Su hijo del medio no tiene forma de atrapar esa estrella ni de competir con ella, por lo que está corriendo en la otra dirección. Le está haciendo prestarle atención con su mal comportamiento. *Tal vez si soy lo suficientemente malo, se darán cuenta de que realmente existo.* Es fácil para los padres asumir que un hermano será como el otro. No es así. De hecho, lo contrario es cierto en el orden de nacimiento. El segundo hijo casi siempre va en la dirección opuesta del primero. Es su forma de decir: «Soy yo, no mi hermano».

Pero si su hijo de diecisiete años está bebiendo, tanto que se desmaya, y tiene el automóvil familiar a veces, definitivamente es hora de intervenir.

Espere hasta que su resaca disminuya, pero no haga callar a sus otros hijos. De hecho, déjelos hacer el mayor ruido posible. Cuando su hijo del medio no se vea tan adormilado, lance esta pequeña declaración en dirección a él:

—Bueno, esa fue una experiencia nueva. Ver a mi hijo arrojado al césped como un pez sacado del agua.

Él comienza a inquietarse.

—Eh, bueno...

—Pronto tendrás dieciocho años. Y nunca esperamos que fueras igual a tu hermano porque eres tú.

Él lo mira fijamente. *¿A dónde va papá con esto?*

—Lo que decidas hacer de ti mismo y la forma en que decidas vivir, será cada vez más tu negocio. Si así es como quieres pasar sus noches y la mañana siguiente, es tu vida. Harás lo que quieras hacer. Pero todavía eres parte de nuestra familia y siempre lo serás. Eso significa que eres un Kranz. Tú representas a nuestra familia. Pero, sobre todo, te representas a ti mismo. Si así es como eliges vivir, tirado allí dónde estás, bebiendo y terminando en nuestro jardín delantero a la medianoche, entonces es hora de que busques un nuevo hogar. Tu hermano pequeño y tu hermana pequeña todavía están aquí en nuestra casa, y te admiran. No es justo que vean ese comportamiento o que otros niños se rían de su hermano en la escuela.

—Te gradúas en dos meses. Deberías comenzar a buscar trabajo y un apartamento ahora. Establezcamos la fecha del 15 de junio para que salgas de la casa.

—Pero papá, ¿y qué va a pasar con la universidad? —pregunta aterrorizado—. ¿No quieres que vaya a la universidad?

Inclina la cabeza.

—¿Crees que invertir en ti para que vayas a la universidad es una opción adecuada en este momento, dadas sus actividades?

Él baja la cabeza.

—Bueno no.

— Entonces es el 15 de junio. (Oh, no. Lo van a botar el día de mi cumpleaños).

> *A veces los padres tienen que hacer lo que tienen que hacer. Tienen que estremecer a su hijo hasta que se asiente el sentido común.*

La discusión termina, y su hijo, que esperaba que le prohibieran salir, queda atónito.

A veces los padres tienen que hacer lo que tienen que hacer. Tienen que estremecer a su hijo hasta que se asiente el sentido común. Y si el sacudón no lo logra, ver cuánto cuesta un apartamento y lo difícil que es conseguir un trabajo lo hará.

¿Es esto difícil de hacer como padre? Sí, es increíblemente difícil. Pero la crianza de los hijos a veces requiere decisiones difíciles como esta. Si no puede ser duro esta vez, su hijo de diecisiete años podría ser el hombre de treinta y siete años que todavía vive en su suite del sótano y en fiestas, porque nunca se ha visto obligado a convertirse en un adulto.

Así que continúe con su buen viaje. Es la única forma de forzar la transformación que a menudo ocurre cuando la rebelión se encuentra con las responsabilidades de la vida real.

Los adictos a mensajes de texto, juegos y YouTube

P: Mis hijos están constantemente con sus teléfonos. Las pocas veces que logramos cenar, miro alrededor de la mesa y bien podría estar sola.

Incluso mi esposo está respondiendo correos electrónicos de trabajo. Yo misma paso mucho tiempo en mi teléfono, pero al menos trato de no contestar mi celular cuando es una cena familiar. He dicho cosas como: «Hola, niños, la cena es cuando deberíamos hablar, no enviar mensajes de texto», pero no me lleva a ninguna parte. Solo veo la expresión de «¿En serio, mamá?» o los siempre presentes ojos volteados hacia arriba mostrando fastidio.

Cuando no están en sus teléfonos, están en sus computadoras, viendo videos de YouTube, jugando o escuchando música con sus auriculares puestos. De repente, un día me di cuenta. La razón por la que no tenemos tiempo para conectarnos como familia es por toda esta tecnología. Eso viene primero, antes que la familia.

¿Cómo puedo cambiar esto para que podamos volver a conectarnos, sin comenzar la Tercera Guerra Mundial en mi casa tomando sus dispositivos electrónicos?

R: Usted y su familia necesitan un mes en una isla desierta sin tecnología y con esas pequeñas bebidas frutales con los paraguas en miniatura. Pero como no es probable que eso suceda para la mayoría de las familias, aquí es donde yo comenzaría.

Cualquier cambio tiene que comenzar con usted y con su esposo. Hable con él sobre sus preocupaciones y acuerden juntos no llevar sus teléfonos celulares a su próxima cena familiar. En vez de eso, presente noticias interesantes y solicite las opiniones de sus hijos. Por ejemplo: «Todos los años hacemos vacaciones familiares. Por lo general, papá y yo decidimos a dónde ir, pero este año queremos saber qué piensan ustedes y a dónde les gustaría ir».

Eso debería hacer que la conversación se mueva. Si no responden y no se quitan el teléfono, diga: «Realmente extraño hablar con ustedes, ya que son importantes para mí. Pero como siempre estamos en nuestros teléfonos, incluso en la cena, me gustaría probar algo diferente durante un mes. ¿Ven esa canasta junto a la puerta del comedor? Los lunes y los jueves apagaremos nuestros teléfonos celulares y los dejaremos en esa canasta durante la cena. Eso es solo dos horas a la semana. Creo que todos podríamos hacer eso, ¿no?»

Obtendrá algunos murmullos, pero cuando lo ponga de esa manera, será difícil para ellos decir que no. Esos niños que actúan como si no les cayera bien o no les interesara, realmente quieren complacerle.

Dos cenas familiares a la semana en las que conversan sobre cosas importantes es un comienzo pequeño pero relevante para interacciones familiares más significativas. En la próxima cena familiar, probablemente habrá momentos silenciosos e incómodos. Las personas que están acostumbradas a enviar mensajes de texto en lugar de hablar a menudo no saben qué decir.

Hacer preguntas a sus hijos, como: «Tommy, ¿cómo estuvo tu día hoy?» no lo llevará a ninguna parte.

Lo mismo ocurre con: «Sé que pronto tendrás un trabajo de historia, Angie. ¿De qué trata?». En cambio, vaya preparada con ideas. «Ayer vi un video divertido sobre un hombre que ayudó a salvar a un burro en miniatura que de otro modo no habría vivido, y ahora vive con él dentro de su casa y lo sigue como un perro mascota».

Niño 1: «Oh sí, lo vi. Hay otro sobre un ganso que se lastimó cuando era un bebé. Un hombre lo salvó y luego lo entrenó para volar. Sacó al ave en su lancha rápida, lo sostuvo en alto y aceleró la lancha al máximo.

Niño 2: «Eso es genial. Quiero ver eso. ¿Me lo mostrarías después de la cena?».

Niño 1: «Claro. Hay todo tipo de excelentes videos de animales como ese. Los miro todo el tiempo. ¿Sabías que un ganso de Canadá puede...».

Y con ese comentario ha salido exitosamente del punto de partida con dos hermanos que, hace veinte minutos, dijeron que no podían soportarse. ¿Ve que fácil fue eso? Apuesto a que no tomaría mucho reunir a la familia alrededor de la pantalla de una computadora para

> *Hacer preguntas a sus hijos, como: «Tommy, ¿cómo estuvo tu día hoy?» no lo llevará a ninguna parte.*

ver algunos de esos videos de animales juntos, ahora que sabe que están interesados.

O lance esto cuando estén a la mesa: «Me encantaría su opinión sobre algo. Ha habido muchas noticias impactantes sobre personas realmente ricas que pagaron mucho dinero para llevar a sus hijos a la universidad adecuada. No somos ricos, pero si lo fuéramos y lo hiciéramos por ustedes dos, ¿cómo se sentirían al respecto?».

Espere. Si tiene dos hijos, sus respuestas serán previsiblemente tan diferentes como la noche y el día.

Niño 1: «Me enojaría y me dolería. No crees mucho en mí, ¿verdad? Quiero decir, le pagaste a alguien porque no creías que pudiera entrar estudiando y trabajando duro».

Niño 2 (se encoge de hombros): «Si pudiera ingresar a una gran escuela como esa como un trato hecho, sin sudar por una solicitud o una prueba, ¡genial! ¿Qué tiene de malo eso?».

Niño 1: «Tú no entraste a la escuela, Dumbo. Mamá te metió en eso pagándole a alguien. ¿Me estás diciendo que te sentirías bien por eso?».

Niño 2: (silencio).

Niño 1: «Y te atrapan porque eres estúpido. Incluso si no lo hicieras, nunca podrías seguir el trabajo en una universidad en la que no merecías ingresar».

Mire eso. Sin su intervención, su hijo mayor ha solidificado su creencia en la recompensa de trabajar duro, y su hija menor recibió una llamada de atención sobre el mundo real.

Hay algunas colinas en su jornada criando hijos que vale la pena caminar fatigosamente y enarbolar su bandera, y el tiempo en familia es una de ellas. Después de todo, dentro de diez años, ¿quién seguirá en sus vidas: el amigo que los traicionó un mes después, el colega con el que trabajaron durante un año o los miembros de la familia sentados a la mesa?

También me gustaría sugerirle que planifique una actividad familiar cada dos semanas. Conviértalo en un evento que no se puede dejar de participar y haga algo divertido. Vayan a la playa un sábado, conduzcan

> *Hay algunas colinas en su jornada criando hijos que vale la pena caminar fatigosamente y enarbolar su bandera, y el tiempo en familia es una de ellas.*

carros chocones una tarde, hagan un picnic, salpíquense en el irrigador en el patio trasero, patinen, vayan a esquiar, jueguen a los bolos, hagan ángeles de nieve, laven los autos familiares en la entrada de la casa, cocine un nuevo plato étnico con la ayuda de todos, vean algunos videos de animales locos o tiernos... El único límite es su imaginación. Involucre el interés de sus hijos diciendo: «Me encantaría escuchar sus ideas sobre las cosas que podemos hacer y los lugares a los que podemos ir». La familia que juega unida permanece unida.

Al principio, los niños se quejarán de cualquier cosa que no les dé inmediatamente lo que quieren (como la capacidad de responder mensajes de texto urgentes de amigos que dicen: «¿Qué estás haciendo?»), pero ellos cambiarán de parecer. Esas dos cenas familiares sin artefactos electrónicos establecerán una rutina, y los niños prosperan en la rutina. La mayoría de las familias que siguen esta técnica por un tiempo descubren que incluso en las noches que no tienen que poner sus teléfonos en la canasta, los niños los colocan allí automáticamente y entablan una conversación cuando se sientan.

Al fin, incluso podría escucharlos decir lo que una madre escuchó a su hija de diecisiete años decirle a una amiga: «No, no estoy disponible los viernes por la noche». ¿Por qué? Porque esa era la noche que jugaba con su padre y tenía conversaciones sobre la vida. ¿Ves? Incluso ese juego que detesta puede utilizarse con el buen propósito de hacer crecer su relación con su hija, si aprovecha su interés.

Lo mismo ocurre con mirar videos en YouTube y escuchar canciones en iTunes. Simplemente deje un comentario: «Esa canción que estás escuchando es intrigante. Si sale un video musical, me encantaría que me lo muestres alguna vez». Incluso a los niños que actúan como si no le quisieran en su mundo les encanta compartir los videos que están viendo y las canciones que están escuchando, especialmente cuando usted le pide, no exige, verlos.

Otro consejo: cuando vea esos videos y vea la letra de la canción, encuentre algo positivo que decir, aunque la deteste. «La coreografía es simplemente asombrosa... tan llena de energía». Luego agregue lo que capturará la atención y el corazón de su hija: «Me encantaría saber cómo encontraste ese grupo, qué sabes sobre ellos y cualquier otra cosa que quieras decirme». Al hacerlo, se involucra con su hija en su mundo.

Si muestra una actitud abierta en lugar de crítica hacia todas las influencias en su mundo, es más probable que diga: «Hola, mamá, puse un par de videos nuevos en mi *playlist* (lista de reproducción) para ver luego. ¿Quieres verlos conmigo esta noche después de que termine mi tarea?».

Al mirar videos de YouTube que le interesan, verá qué asuntos y temas le apasionan, escuchará sus pensamientos sobre los chicos y la vida, y aprenderá mucho, mucho más. A medida que surjan los temas, busque en Google esos puntos de interés para establecer una conversación natural y continua.

«Oye, me dijiste que el cantante principal de ese grupo es reconocido por el apoyo a organizaciones en las partes más pobres de Río de Janeiro. Ayer me encontré en línea con un interesante artículo al respecto».

Su hija se vuelve hacia usted. «¿De veras? ¿Dónde está?». Ella salta en línea, y ustedes dos miran el artículo juntas y lo discuten.

Un mes después, ella viene a usted y le dice: «Investigué mucho sobre esas organizaciones y encontré una que me gustaría mostrarte. ¿Papá y tú estarían dispuestos a que trabaje allí en Río durante un mes después de la graduación? ¿Si pudiera ahorrar el dinero para el pasaje aéreo y la mayoría de mis gastos de vida mientras estoy allí?».

No subestime el poder de YouTube para presentar la globalización a sus hijos. Tampoco debe subestimar el valor a largo plazo de su adolescente al ver cómo las personas desfavorecidas viven al otro lado del planeta. No hay nada que elimine los sentimientos de creerse con todos los privilegios y aumente el agradecimiento más que conocer personas reales que muestran alegría por encontrar agua limpia y comer arroz y frijoles dos veces al día.

Quitarles los teléfonos y las computadoras a los niños como castigo por su uso excesivo no es la respuesta hoy para crear más tiempo en familia. Solo alimenta el resentimiento y los conceptos de que mamá y papá son dinosaurios prehistóricos y no entienden el mundo real.

En lugar de eso, presente la idea y la práctica de *que es posible y bueno* desconectarse a veces, como dos noches a la semana durante cenas familiares y en esa excursión familiar quincenal. Luego, entre al mundo de su hijo, utilizando su pasión por los juegos, navegar por Internet, escuchar iTunes y mirar YouTube, para descubrir y explorar sus intereses.

> *Quitarles los teléfonos y las computadoras a los niños solo alimenta el resentimiento.*

Cambiar el mal comportamiento de sus hijos comienza con cambiar sus propias técnicas de crianza. Si desea niños que tengan el potencial de desconectarse, modélelo desconectándose a veces usted mismo.

Disfrute de esas cenas y salidas familiares mientras pueda. Los teléfonos celulares y las computadoras seguirán existiendo en cinco años, pero es posible que ya sus hijos no estén en su nido.

Hacer que el tiempo en familia sea una prioridad es lo correcto.

Notas

1. Eva Dreikurs Ferguson, *Adlerian Theory: An Introduction* (CreateSpace, 2009), 4–7.

2. «Imprinting and Relationships,» *Psychologist World*, consultado el 30 de marzo de 2019, https://www.psychologistworld.com/developmental/imprinting-lorenz-filial-sexual.

3. Anne Ortlund, Children Are Wet Cement (Grand Rapids: Revell, 1981).

4. «Kevin Leman: Who's Controlling Whom?» CBN.com, consultado el 30 de marzo de 2019, https://www1.cbn.com/family/kevin-leman%3A-who%27s-controlling-whom%3F.

5. Don Dinkmeyer and Gary McKay, «Goals of Misbehavior,» PedagoNet.com, consultado el 30 de marzo de 2019, http://www.pedagonet.com/other/MISB.htm.

6. Madeline Holcombe, «USC Says Students Connected to Cheating Scheme Will Be Denied Admission,» CNN, consultado el 14 de marzo de 2019, https://www.cnn.com/2019/03/13/us/college-admission-cheating-scheme-wednesday/index.html.

Acerca del doctor Kevin Leman

Psicólogo, personalidad de radio y televisión internacionalmente reconocido, orador, educador y humorista, el doctor Kevin Leman ha enseñado y entretenido a audiencias de todo el mundo con su ingenio y su psicología de sentido común.

El autor superventas, galardonado por el *New York Times* por más de cincuenta títulos, incluidos: El *nuevo libro sobre la teoría del orden de nacimiento*, *Cría hijos sensatos sin perder la cabeza*, *Tengan un nuevo hijo para el viernes* y *Música entre las sábanas*, ha realizado miles de visitas a domicilio a través de programas de radio y televisión, incluidos FOX & Friends, Home & Family del Canal Hallmark, The View, The Morning Show de FOX, Today, Morning in America, Club 700, The Early Show en CBS, CNN y Enfoque en la familia. El doctor Leman se ha desempeñado como psicólogo familiar colaborador de Good Morning America y frecuentemente habla en escuelas, grupos de ejecutivos y empresas, incluidas las compañías *Fortune 500* y otras como YPO, Million Dollar Round Table y Top of the Table.

Las afiliaciones profesionales del doctor Leman incluyen la Asociación Americana de Psicología, SAG-AFTRA y la Sociedad Norteamericana de Psicología Adleriana. Recibió el Premio al Alumno Distinguido (1993) y un título honorario de Doctor en Letras Humanas (2010) de la

Universidad de North Park; y una licenciatura en psicología, además de su maestría y su doctorado, así como el Premio por Logros sobresalientes de antiguos alumnos (2003), de la Universidad de Arizona. El doctor Leman es fundador y presidente de la junta directiva de la Academia de Excelencia de Leman (www.lemanacademy.com).

Originario de Williamsville, Nueva York, el doctor Leman y su esposa, Sande, viven en Tucson, Arizona, y tienen cinco hijos y cuatro nietos.

Si está buscando un orador entretenido para su evento, para recaudar fondos, o para obtener información sobre consultas para negocios, seminarios web o el crucero anual «Wit and Wisdom», comuníquese con:

Dr. Kevin Leman
PO Box 35370
Tucson, Arizona 85740
Phone: (520) 797-3830
Fax: (520) 797-3809
www.birthorderguy.com
www.drleman.com

Siga al Dr. Kevin Leman en Facebook (facebook.com/DrKevin Leman) y en Twitter (@DrKevinLeman). Revise sus podcasts gratis en birthorderguy.com/podcast.